北京五一视界数字孪生科技股份有限公司（51WORLD）◎汇编

汽车自动驾驶仿真测试

蓝皮书

电子工业出版社

Publishing House of Electronics Industry

北京·BEIJING

内 容 简 介

本书是我国国内第一本全面介绍自动驾驶虚拟仿真测试技术的专业性书籍。通过国内相关技术标准制定专家、研究机构科学家、高校专家、国内自主研发技术团队专家等从多视角介绍与解读汽车自动驾驶仿真测试技术。

本书主要围绕国内外行业发展与行业应用现状、汽车自动驾驶仿真测试技术的原理与实现方法等方面进行了详细阐述。读者还可以从本书中查阅常用仿真测试工具、国内外相关测试标准、国内研究开发机构等信息。此外，本书汇编了行业原创技术实现内容，指出了研究发展方向，旨在为国内从事自动驾驶系统仿真与测试评价工作的管理人员及科研人员提供全面的技术指导和最新的行业应用范例。

未经许可，不得以任何方式复制或抄袭本书之部分或全部内容。
版权所有，侵权必究。

图书在版编目（CIP）数据

汽车自动驾驶仿真测试蓝皮书 / 北京五一视界数字孪生科技股份有限公司（51WORLD）汇编. —北京：电子工业出版社，2020.11

ISBN 978-7-121-39823-0

Ⅰ.①汽… Ⅱ.①北… Ⅲ.①汽车驾驶—自动驾驶系统—系统仿真—测试—研究报告 Ⅳ.①U463.61

中国版本图书馆 CIP 数据核字（2020）第 203196 号

责任编辑：刘志红（lzhmails@phei.com.cn）　　特约编辑：张思博
印　　刷：北京七彩京通数码快印有限公司
装　　订：北京七彩京通数码快印有限公司
出版发行：电子工业出版社
　　　　　北京市海淀区万寿路 173 信箱　邮编　100036
开　　本：787×980　1/16　印张：15.5　字数：248 千字
版　　次：2020 年 11 月第 1 版
印　　次：2024 年 11 月第 4 次印刷
定　　价：198.00 元

凡所购买电子工业出版社图书有缺损问题，请向购买书店调换。若书店售缺，请与本社发行部联系，联系及邮购电话：(010) 88254888，88258888。

质量投诉请发邮件至 zlts@phei.com.cn，盗版侵权举报请发邮件至 dbqq@phei.com.cn。

本书咨询联系方式：(010) 88254479，lzhmails@phei.com.cn。

编委会名单

编委会专家：（按照姓氏首字母排序）

鲍世强　成　波　陈　陳　陈君毅　陈　龙　苍学俊　邓伟文　戴一凡
郭继舜　龚建伟　高振海　孟冬利　李楚照　李　熠　李　扬　任秉韬
王宝宗　王　观　王　甡　王赟芝　王忆源　许瑞琛　朱　冰　周博林
张　帆　曾　杰　张培兴　赵　帅　朱西产　朱重远

编委会成员：（按照姓氏首字母排序）

陈　磊　丁德锋　侯　涛　李文鹏　毛祖秋　蒲　鸽　宋明哲　王　荔　吴　年
吴贤斌　吴　杨　肖飞宇　徐海斌　杨瑞峰　张安春　张　一　郑　扬

组织编写单位：

北京五一视界数字孪生科技股份有限公司（51WORLD）

合作编写单位：（按照编写章节顺序排序）

清华大学　　　　　　　　　　　　　　　　北京航空航天大学

广州汽车集团股份有限公司　　　　　　　　北京理工大学

北京交通发展研究院　　　　　　　　　　　北京交通大学

清华大学苏州汽车研究院　　　　　　　　　中国汽车工程研究院股份有限公司

同济大学　　　　　　　　　　　　　　　　中汽数据有限公司

上海机动车检测认证技术研究中心有限公司　重庆车辆检测研究院有限公司

吉林大学

前言

近些年来，汽车技术取得了长足进步，各国汽车企业都在研发上付出了更多努力来适应汽车行业发展变革的步伐。"自动驾驶软件开发"和"自动驾驶系统与整车验证、集成技术"很大程度上都依托于计算机仿真技术的支撑。对于汽车制造与研发企业而言，仿真测试技术贯穿汽车自动驾驶系统研发的全周期。目前，国内外汽车自动驾驶仿真测试规范标准正处于建立的窗口期，其仿真模型与数据格式各异，中国在参与标准化制定过程中只有坚持走科技创新自主之路才能适应中国交通道路特色与中国驾驶员驾驶行为习惯。汽车产品的竞争最终是技术的竞争，更是研发理念、方法和工具的竞争。随着技术的快速迭代，汽车研发设计人员或高校、科研院所的研究人员需要随时通过自学的方式来拓展自己的知识范围。因此，一本能提供详细的技术指导和行业应用范例的蓝皮书显得十分必要。

一个完整的自动驾驶仿真软件从逻辑上包括物理建模、环境模拟及数值仿真等诸多模块，每个模块都有一些急需解决的关键问题。本书分为四个部分：第一部分是概述篇，对汽车自动驾驶仿真测试技术的发展情况、测试体系和关键技术进行了概述；第二部分是技术篇，共九章，分别对该领域核心关键技术进行了拆解介绍，并从数字孪生的角度详细阐述了自动驾驶仿真测试技术的应用案例；第三部分是行业篇，主要从汽车仿真测试行业标准与应用、仿真测试平台和智能网联汽车测试与研究机构等角度进行了详细介绍；第四部分是趋势篇，对自动驾驶汽车仿真测试评价所面临的挑战和机遇进行了全面的展望。

本书涉及范围较广，我们有幸邀请到汽车与交通行业的多位专家、学者分别撰写了对应章节的内容，从多维视角去介绍与解读汽车自动驾驶仿真测试技术与应用。

在此感谢这些专家、学者，没有他们的辛勤付出，就无法顺利完成本书。

此外，也感谢对本书进行审校、专业讨论和做其他辅助性工作的所有人员。

最后，我们希望本书的读者都能喜欢这本蓝皮书，并希望能对其在相关领域的研究有所裨益。

2020 年 8 月 7 日

第一部分 概述篇

第1章 汽车自动驾驶仿真测试发展概述·······002
1.1 引言·······002
1.2 汽车自动驾驶仿真测试的发展历程·······005
1.2.1 自动驾驶技术的发展历程·······005
1.2.2 自动驾驶仿真的发展历程·······007
1.3 自动驾驶仿真测试的基本概念和关键技术·······009
1.3.1 高精地图·······009
1.3.2 静态环境模块·······010
1.3.3 动态场景模块·······010
1.3.4 传感器模块·······011
1.3.5 动力学模块·······012
1.3.6 数据管理模块和大规模并行计算·······012
1.4 汽车自动驾驶仿真测试面临的主要挑战·······013
1.4.1 自动驾驶仿真测试的验证与精度·······013
1.4.2 所有相关的物理现象的考虑和真实场景的泛化·······014
1.4.3 仿真测试的评价·······015
1.5 小结·······016
参考文献·······017

第 2 章　汽车自动驾驶仿真测试体系 ································· 019
2.1　引言 ··· 019
2.2　汽车自动驾驶仿真测试系统架构 ······························· 021
2.2.1　仿真测试需求 ··· 022
2.2.2　仿真测试平台 ··· 023
2.3　汽车自动驾驶仿真测试的关键技术 ····························· 026
2.3.1　汽车行驶环境模拟技术 ································· 027
2.3.2　环境传感器建模技术 ··································· 029
2.3.3　车辆动力学建模技术 ··································· 029
2.3.4　一体化模拟仿真技术 ··································· 030
2.4　小结 ··· 030
参考文献 ·· 031

第二部分　技术篇

第 3 章　三维环境建模与可视化技术 ································· 033
3.1　引言 ··· 033
3.2　计算机图形学发展历程及其在仿真测试中的应用 ················· 033
3.3　三维环境建模方法 ··· 037
3.4　大场景真实感三维环境渲染 ································· 040
3.5　虚拟与混合现实技术的应用 ································· 047
3.6　小结 ··· 050
参考文献 ·· 051

第 4 章　高精地图与定位传感器建模技术 ····························· 052
4.1　引言 ··· 052
4.1.1　功能 1：地图匹配 ····································· 053

4.1.2　功能 2：辅助环境感知 ······054
　　4.1.3　功能 3：路径规划 ······054
4.2　高精地图概述与数据特征 ······055
　　4.2.1　高精地图与传统电子地图的差异 ······055
　　4.2.2　高精地图数据存储 ······056
　　4.2.3　高精地图数据格式 ······056
　　4.2.4　高精地图数据采集和制作 ······058
4.3　定位传感器建模与仿真 ······059
　　4.3.1　GNSS 传感器建模与仿真 ······059
　　4.3.2　IMU 传感器建模与仿真 ······060
　　4.3.3　视觉传感器建模与仿真 ······061
4.4　高精地图与定位传感器建模在自动驾驶 仿真测试中的应用与评价 ······061
　　4.4.1　基于建模软件构建场景 ······061
　　4.4.2　基于已经完成的游戏搭建场景 ······062
　　4.4.3　基于增强现实方法构建场景 ······062
　　4.4.4　基于高精地图生成场景 ······062
4.5　小结 ······063
参考文献 ······064

第 5 章　车辆动力学与驾驶模型仿真技术 ······066

5.1　引言 ······066
5.2　车辆动力学建模与仿真 ······067
5.3　车辆驾驶员模型与控制系统建模 ······070
5.4　小结 ······072
参考文献 ······073

第 6 章　环境感知传感器仿真模型搭建技术 ······074

6.1　引言 ······074

6.2　视觉传感器建模与标定 ··· 075

6.3　光学雷达建模与标定 ··· 080

6.4　毫米波雷达建模与标定 ··· 083

6.5　多传感器信息融合模型 ··· 085

6.6　车路协同感知与通信建模 ··· 087

6.7　小结 ··· 089

参考文献 ··· 090

第7章　交通环境仿真模型搭建技术 ·· 091

7.1　引言 ··· 091

7.2　交通流仿真技术概述 ··· 092

7.3　微观交通流仿真与自动驾驶 ··· 092

7.4　微观交通流仿真软件 ··· 095

  7.4.1　SUMO ·· 095

  7.4.2　TESS NG ··· 095

  7.4.3　VISSIM ·· 096

  7.4.4　Cube Dynasim ·· 096

  7.4.5　Dynameq ··· 097

  7.4.6　DTALite ··· 098

7.5　微观交通仿真建模内容 ··· 099

7.6　小结 ··· 102

参考文献 ··· 102

第8章　自动驾驶场景库的构建 ·· 105

8.1　引言 ··· 105

8.2　自动驾驶场景库研究现状 ··· 105

  8.2.1　国外研究现状 ··· 105

  8.2.2　国内研究现状 ··· 106

8.3 自动驾驶场景库构建技术 ··· 108
　　8.3.1 相关定义 ·· 108
　　8.3.2 场景库的构建 ·· 109
8.4 场景描述标准 ··· 114
　　8.4.1 OpenDRIVE ·· 114
　　8.4.2 OpenSCENARIO ··· 114
　　8.4.3 OpenCRG ··· 115
8.5 小结 ··· 115
参考文献 ··· 116

第9章　分布式计算与自动化测试技术 ··· 117

9.1 引言 ··· 117
9.2 分布式计算与存储 ··· 118
9.3 异构计算 ··· 123
9.4 仿真测试云架构 ··· 124
9.5 小结 ··· 128
参考文献 ··· 128

第10章　汽车自动驾驶测试仿真技术 ··· 129

10.1 引言 ··· 129
10.2 场景数据处理平台 ··· 130
10.3 软件在环 ··· 132
　　10.3.1 车辆动力学模型 ·· 133
　　10.3.2 传感器模型 ·· 133
　　10.3.3 环境交通模型 ·· 133
10.4 硬件在环 ··· 134
10.5 车辆在环 ··· 136
10.6 平行测试 ··· 138

10.7 驾驶员在环 ·· 140
10.8 仿真工具链 ·· 142
   10.8.1 入口层 ·· 142
   10.8.2 服务层 ·· 142
   10.8.3 平台层 ·· 143
10.9 仿真测试实施规范 ·· 143
   10.9.1 仿真测试需求分析阶段 ··· 144
   10.9.2 仿真测试对象分析阶段 ··· 144
   10.9.3 仿真测试方案设计阶段 ··· 145
   10.9.4 仿真测试方案实施阶段 ··· 146
   10.9.5 仿真测试结果评价阶段 ··· 146
10.10 小结 ·· 146
参考文献 ··· 146

第 11 章 数字孪生技术在自动驾驶测试中的应用 ·· 148

11.1 引言 ·· 148
11.2 案例背景及基本情况 ·· 149
   11.2.1 自动驾驶测试的行业刚需 ··· 149
   11.2.2 数字孪生技术更适合汽车自动驾驶的测试 ························ 151
11.3 系统框架 ··· 153
   11.3.1 自动驾驶测试的数字孪生系统总体框架 ··························· 153
   11.3.2 数字孪生测试原理 ··· 155
11.4 案例特点 ··· 156
   11.4.1 测试场景广，速度快且成本低 ··· 156
   11.4.2 实现虚实映射，分层测试评价 ··· 157
11.5 实施步骤 ··· 158
   11.5.1 数字孪生子系统 ··· 159

11.5.2 数字孪生测试评价管理子系统 ·············163

11.6 案例成效和意义 ·············164
 11.6.1 积累关键技术研发的无形资产 ·············164
 11.6.2 保证车辆安全上路 ·············165

11.7 数字孪生产业发展现状 ·············165

11.8 数字孪生应用存在的挑战 ·············166

11.9 小结 ·············167

参考文献 ·············168

第三部分 行业篇

第12章 汽车仿真测试行业标准与应用 ·············170
12.1 引言 ·············170
12.2 仿真测试行业国际标准 ·············171
12.3 仿真测试行业国内标准 ·············176
12.4 小结 ·············178
参考文献 ·············179

第13章 汽车自动驾驶仿真测试平台简介 ·············180
13.1 引言 ·············180
13.2 场景仿真软件 ·············182
 13.2.1 VTD ·············182
 13.2.2 Prescan ·············184
 13.2.3 Cognata ·············186
 13.2.4 rFpro ·············187
 13.2.5 Metamoto ·············187
 13.2.6 Panosim ·············188

	13.2.7	Sim-One	188
	13.2.8	CARLA	190
	13.2.9	AirSim	191
13.3	交通流仿真软件		191
13.4	传感器仿真软件公司		192
	13.4.1	RightHook	192
	13.4.2	MonoDrive	193
13.5	车辆动力学仿真软件		194
	13.5.1	CarSim	194
	13.5.2	CarMaker	195
	13.5.3	AVL	196
	13.5.4	Simpack	196
	13.5.5	TESIS DYNAware	196
13.6	硬件在环仿真平台		197
	13.6.1	美国国家仪器公司 NI	197
	13.6.2	dSPACE	198
13.7	小结		198
参考文献			198

第 14 章　智能网联汽车测试与研究机构介绍 … 200

14.1	引言		200
14.2	智能网联汽车测试与研究机构分类		201
	14.2.1	国家级智能网联汽车检测中心	201
	14.2.2	智能网联测试与研究科技创新公司	202
14.3	智能网联汽车测试与研究机构介绍		202
	14.3.1	国家级智能网联汽车质量监督检验中心	202
	14.3.2	智能网联测试与研究科技创新公司	211

14.4 小结 220

参考文献 221

第四部分　趋势篇

第15章　汽车自动驾驶仿真测试评价所面临的挑战与展望 223

15.1 引言 223

15.2 仿真测试评价技术的机遇与挑战 224

15.3 仿真测试相关法规标准亟待完善 226

15.4 人才培养的挑战与展望 227

15.5 产业链发展的挑战与机遇 229

15.6 小结 230

参考文献 231

第一部分

概 述 篇

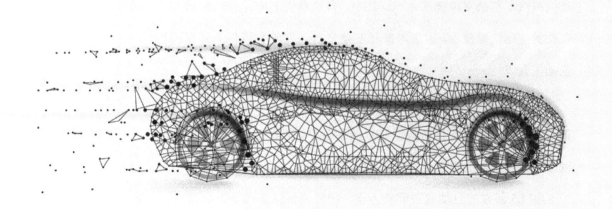

第 1 章

汽车自动驾驶仿真测试发展概述

成 波[1] 李 扬[2] 肖飞宇[1]

(清华大学 车辆与运载学院[1] 北京航空航天大学 交通科学与工程学院[2])

1.1 引言

2015年工业和信息化部首次提出了智能网联汽车概念,明确了智能网联汽车的发展目标。2017年发布的《中国智能网联汽车技术路线图》确定了智能网联汽车的定义、技术构架、发展目标路径与重大创新优先行动专项。该技术路线图指出,测试评价是智能网联汽车基础支撑技术之一。其中,自动驾驶系统计算机仿真是自动驾驶车辆测试和试验的基础关键技术,也是未来行业定义自动驾驶车辆相关开发流程与技术准入标准的基础工具。

随着自动驾驶技术的发展,演变得越来越复杂的自动驾驶系统使得在系统正式部署前对其进行有效的测试和验证显得越发必要。早期的简单的辅助驾驶系统仅仅依赖车载或者环境传感器的数据进行开环测试即可完成功能验证,然而随着越来越多的公司致力于 SAE L5 级别的自动驾驶解决方案,闭环测试就显得必不可少[1]。SAE L5 级别的自动驾驶车辆需要能在任何交通状况下保证安全行驶,而不需要施加人工干预,有望实现这样的功能的算法正变得极其复杂。因此，需要对构成自动驾驶车辆的车载传感器、车辆动力学模型和控制器、虚拟驱动程序和综合交通环境等环节进行详尽的测试和评估。这些功能通过软件在环（SiL）、硬件在环（HiL）、车辆在环（ViL）及混合仿真等方法进行验证[2]。

测试评价是汽车自动驾驶技术研发和实际应用的关键。为促进汽车自动驾驶的规范发展，美国联邦政府在 2016 年颁布了全球首部无人驾驶汽车政策文件《联邦汽车自动驾驶政策》(*Federal Automated Vehicle Policy*)。其中，为了规范自动驾驶的公共道路测试，要求测试企业、机构在一定的周期内向相关部门提交公共道路测试过程中的数据，用于对汽车自动驾驶道路测试的安全性评估。紧接着，日本、新加坡、韩国等国家也通过颁布相关法规的方式规范自动驾驶研发企业在可控的条件下进行公共道路测试。2017 年发布的《中国智能网联汽车技术路线图》指出，测试评价是汽车自动驾驶的基础支撑技术。在 2018 年麦肯锡发布的报告中，"自动驾驶软件开发"和"自动驾驶系统与整车验证和集成"位列未来自动驾驶产业链中最具价值的三项产业中的两项。这两项在很大程度上都依托于计算机仿真技术提供的共性技术的支撑。对于汽车制造技术企业而言，自动驾驶仿真系统贯穿产品的研发与使用生命全周期。从产品概念选型到产品运行数据收集与系统升级，仿真系统既作为工程技术开发人员的工具箱，帮助实现产品的安全性与稳定性，又作为企业管理人员的数据知识库，帮助累积企业的设计流程、工程经验与数字模型等宝贵的无形资产。对于国家监管与测试机构而言，自动驾驶仿真系统作为分析与检测工具对汽车功能安全性与智能水平高低进行评价。仿真系统不但有助于我国完善汽车的认证标准与质量监督测试方法，而且也有助于我国参与国际法规标准化的制定，为测试场景库与仿真测试方法提供标准化的数据交换格式。

测试评价的关键性体现在两个方面：一是测试评价与技术研发相互促进，自动驾驶技术通过"研发、测试、再研发、再测试"的迭代过程逐步发展完善；二是由于汽车自动驾驶的黑箱特性，测试评价是汽车自动驾驶实际应用的必由之路。测试评价已经成为企业分析自动驾驶技术成熟程度的有效方法，也是监管者判断汽车自动驾驶能否安全和高效运行的重要手段。与传统车辆的模块化测试不同，汽车自动驾驶的测试注重对整车性能的评估。而传统车辆的测试侧重对车辆安全相关的零部件和系统的评估，加上在传统车辆中由驾驶员完成全部驾驶任务，车辆测试无须考虑驾驶员负责的功能。而在自动驾驶车辆中采用智能技术部件部分或者完全替代驾驶员，使得整车系统具有黑箱性和智能性的特点[3]；再考虑车辆行驶环境的复杂性，汽车自动驾驶的测试评价面临诸多挑战。

真实开放道路测试可以直观反映自然驾驶环境中的静态和动态元素，是测试汽车自动驾驶的最为真实的方法。然而，道路测试有两个难以解决的难题：一是安全性的问题，过去几年，特斯拉、Uber和Waymo等企业的自动驾驶真实道路测试均发生了严重交通事故，引发了大众对其安全性的普遍担忧。自动驾驶事故促使各国车辆技术监管机构提高了警惕，开始慎重审视在公共道路上进行的自动驾驶道路测试。二是其相对较低的效率问题，即因为未知的危险交通场景难以穷尽，所以基于场景的实车测试方法存在根本上的困难。美国著名智库兰德公司曾经估计[4]，如果想让一辆SAE L5级别的自动驾驶车辆正式上路，需要经过176亿千米的测试。这就意味着，即便是一支拥有100辆测试车的自动驾驶车队，以40 km/h的平均时速每天24小时一刻不停地测试，也需要花费大约500年的时间。从企业层面来看，即便是头部企业Waymo，截至2020年年初也只完成了3 200万千米的自动驾驶路测，离176亿千米还相差很远。这使得真实道路测试难以成为自动驾驶测试的主要手段，而基于计算机仿真和虚实结合系统的测试方法越来越得到广泛的应用。众多厂商布局自动驾驶技术研发，如图1-1所示。

汽车自动驾驶仿真测试发展概述 第1章

图片来源：佐思汽研《2018—2019 ADAS 和自动驾驶产业链报告》。

图 1-1　众多厂商布局自动驾驶技术研发

1.2　汽车自动驾驶仿真测试的发展历程

1.2.1　自动驾驶技术的发展历程

20 世纪 70 年代，西方发达国家开始率先进行汽车自动驾驶的研究。1969 年，John McCarthy 发表的论文 *Computer-Controlled Cars* 中提出了一种基于视频传感器的汽车自动驾驶模型，可以根据人类的指令自动驾驶，完成包括加速、减速和自动导航等功能。1984 年，美国国防高级研究计划署（DARPA）与陆军合作，发起自主式地面车辆（ALV）计划。此后，以卡内基梅隆大学为代表的一系列高校开始投身自动驾驶相关技术的开发和验证。21 世纪初，自动泊车系统的发展更是推动了人们对自动驾驶技术研究的开展，如丰田、福特、大众、宝马等车企都发布了自己的自动泊车辅助系统,并进一步投身更加高级的自动驾驶功能的开发。

早在 2009 年美国谷歌公司就开始了关于汽车自动驾驶的研究。2014 年,谷歌公司的自动驾驶原型车发布,到 2018 年年底,已经完成了 200 万英里(1 英里=1 609.344 米)的实车测试。紧接着,越来越多的公司加入自动驾驶技术的研究行列,目前,以特斯拉为代表的车企在量产车型中加入了如自动转向、车道保持和避撞等低等级的自动驾驶功能;而随着 2017 年奥迪 A8 这样一款配备 SAE L3 级别自动驾驶技术的量产车型的发布与人工智能的兴起,标志着自动驾驶技术的研发步入新的高潮。

国内汽车自动驾驶的研究起步较晚,与国外相关科技巨头相比,技术水平存在着相当差距。但是随着近年来政府的政策支持、高校和诸多相关企业的集中投入,自动驾驶技术也取得了长足进步:1992 年,国防科技大学研发出国产第一台有自动驾驶功能的汽车;2011 年,国防科技大学与一汽集团合作研发汽车自动驾驶,完成了 286 千米的实车高速测试。2015 年,宇通集团完成了全球首例自动驾驶大型客车的开放道路实车测试。百度公司从 2013 年开始自动驾驶技术的研发,于 2015 年完成了部分典型场景的实车测试;到 2018 年,百度推出了和厦门金龙公司合作研发生产的全球首款 SAE L4 级别的自动驾驶量产巴士。众多高科技公司的加入,有力地推动了国内自动驾驶行业的发展。

此外,随着 5G 等先进通信技术的长足进展,车路协同越来越成为自动驾驶落地的关键技术。2018 年,清华大学研制的车路协同汽车自动驾驶正式获得福建省汽车自动驾驶测试牌照;同年,以百度、阿里和腾讯为代表的高科技公司纷纷布局车路协同技术,给自动驾驶技术和产业的发展注入了新的活力。

Waymo 的汽车自动驾驶如图 1-2 所示。

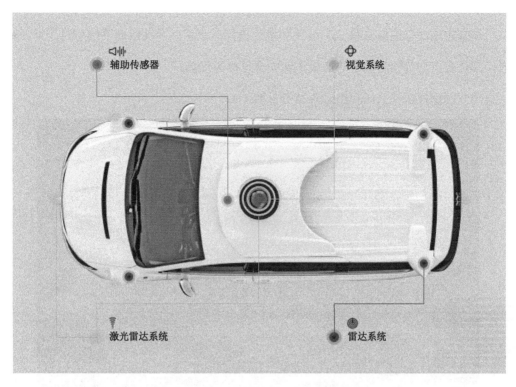

图片来源：Waymo Safety Report: on the road to fully self-driving。

图 1-2　Waymo 的汽车自动驾驶

1.2.2　自动驾驶仿真的发展历程

随着自动驾驶技术的飞速发展，如何进行科学的测试和评价成为研究中的难点。常用的方法就是使用真实道路进行测试，或者以封闭测试场进行测试替代，然而这些方法存在危险性或者低效性等一系列问题，所以，基于计算机仿真平台进行测试和基于虚实结合系统的测试方法成为新的选择[5]。一般地，基于计算机仿真平台进行测试的基本思路是：通过对交通环境中静态元素和动态元素的仿真来测试和评价自动驾驶模型的性能。2016 年 7 月，英国华威大学公布了一款用于测试汽车自动驾驶的虚拟系统，可以实现对机动车、交通灯、行人等道路场景的模拟。2017 年，微软升级了其 AirSim 开源仿真平台，基于游戏虚拟引擎来实现汽车模拟器和 3D 现实环境的模拟。此后，多种仿真平台纷纷面世。集中而言，其具有自动驾驶测试中的低成本和安全可控等优势。

自动驾驶虚拟仿真系统和道路测试参见图 1-3。

图片来源：Waymo Safety Report: on the road to fully self-driving。

图 1-3　自动驾驶虚拟仿真系统和道路测试

针对实车测试和仿真模拟的缺点，研究者开发了将虚拟平台和真实平台结合的基于虚实系统的测试方法，例如美国密歇根大学开发的增强现实测试平台，汽车自动驾驶在真实世界中的运行状态通过路测设备传输到增强现实测试平台，同时，增强现实测试平台上虚拟车辆的运行状态也被同步传输给汽车自动驾驶控制台。为了解决真实道路路测数据不足的问题，百度提出了一套基于真实数据生成虚拟数据的方法[6]。研究人员输入真实道路驾驶的视频数据，进行处理后根据合成的道路背景和车辆轨迹等图像生成视频数据，在一定程度上可以解决真实驾驶数据不足的问题。

1.3 自动驾驶仿真测试的基本概念和关键技术

自动驾驶仿真技术是计算机仿真技术在汽车领域的应用，它比传统 ADAS 仿真系统更为复杂，对系统在解耦和架构上的要求非常高。类似其他通用仿真平台，它必须尽可能真实，而对仿真系统进行分析和研究的一个基础性和关键性的问题就是将系统模型化。通过数学建模的方式将真实世界进行数字化还原和泛化，建立正确、可靠、有效的仿真模型是保证仿真结果具有高可信度的关键和前提。仿真技术的基本原理是在仿真场景内，将真实控制器变成算法，结合传感器仿真等技术，完成对算法的测试和验证。

一个完整的自动驾驶仿真平台，需要包括静态场景还原、动态案例仿真、传感器仿真、车辆动力学仿真、并行加速计算等功能，并能够较为容易地接入自动驾驶感知和决策控制系统。只有算法与仿真平台紧密结合，才能形成一个闭环，达到持续迭代和优化的状态。

在某种意义上，自动驾驶车辆（AV）仿真不同于传统的车辆仿真，除车辆本身以外，车辆运行的"环境"在评估其应对所有驾驶状况的方式时也是不可或缺的。自动驾驶的"环境"相当丰富（有时甚至是拥挤的），包括其他车辆、行人、动物，当然也包括道路、人行道、建筑物，乃至气候条件[7]。

一个完整的自动驾驶仿真软件从逻辑上包括诸多模块，针对每个模块都有一些需要解决的关键仿真问题。

1.3.1 高精地图

高精地图是自动驾驶车辆开发的关键功能。高精地图不仅旨在提供车辆环境的实时反馈，实现对车辆位置的精确定位，一旦建立了环境的基础，还可以将标志、交通信号灯、行车道之间的距离、交通流向等添加到地图上，从而可以在虚拟环境中模拟车辆、行人和其他动态特征环境。环境的动态特征可以从现实世界的车辆日志中生成。

1.3.2 静态环境模块

静态环境模块指构建、维护静态场景的模块，由许多 3D 模型组成，这些模型用于静态对象，如建筑物、植被、交通标志、基础设施、道路类型、车道标记及行人携带的设备/物品。在该模块中需要现实环境，进行保证真实度的建模，以代表真实的世界，其主要特点是能够自动化构建大规模静态场景。为了对适当模拟环境条件建模，许多模型需要合并。这些模型的广度、保真度和多样性无疑取决于要使用仿真工具解决的问题的类型。例如，如果用户希望测试整个软件堆栈，包括与感知相关的算法，那么仿真环境需要包括现实车辆、行人、交通标志等的视觉表现形式上的多样性[8]。

1.3.3 动态场景模块

动态场景的生成包括两个方面：一是微观的行人、车辆、天气等行为；二是宏观的交通流场景构建。实际上目前基于真实统计数据进行仿真很大的一个缺陷是缺少实时互动和相互关联。在仿真测试过程中，真实场景库中车辆按实测轨迹行驶，无法与自动驾驶车辆互动，导致主车周边的车辆行为其实是"不真实"的，会对测试效果产生不利影响。可能的解决办法是对其他车辆增加智能，比较简单的方式就是增加规则，如发现前面有车辆就减速、遇到红灯就停车。复杂点的方式就是对其他行为建模，这样每一个车辆都是一个智能体。也就是说，对行为的建模可以有两种方式：一种是基于规则的方式，一种是基于模型的方式。其中，基于模型进行建模的方式是未来的趋势，伯克利大学推出了多主体的强化学习框架流[9]，也就是说，仿真器中的每一个车辆和行人都可以被训练为一个智能体，这样就可以完全模拟更加真实的场景，并且和环境产生互动。通过各种仿真模型和现实交通数据实现虚拟交通是重构详细交通流的有前景的方法[10]。其核心目标是通过无论是主观设计的测试场景——用交通事故的数据构造一些场景，还是与真实场景进行组合，或者通过算法增加危险场景的比重，来实现基于尽可能完整的测试场景对于真实交通流下的车辆仿真进行简化和分解。这一部分的一个主要挑战是测试场景的泛化能力，如在测试场景中当前车辆的车速可能是 30km/h，也可能是 60km/h，还可能是 90km/h，如何做到对应的场景可以在一定的范围内自动生成对应的参数，来应对真实场景中无穷的场景组合，是目前一个较难的问题。

1.3.4 传感器模块

传感器使汽车自动驾驶能够感知其环境，从而发现并分类障碍物，预测速度，协助精确定位车辆周围的环境。传感器是连接外界环境和被测车辆的媒介。从仿真角度来讲，不管是哪种传感器，理论上都可以从以下 3 个不同的层级仿真。第一个层级是对物理信号进行仿真，第二个层级是对原始信号进行仿真，第三个层级是对传感器目标进行仿真。物理信号仿真，就是直接仿真传感器接收到的信号。例如，摄像头直接仿真摄像头检测到的光学信号；雷达直接仿真声波和电磁波信号。原始信号仿真是把传感器探测单元拆掉，因为在控制电控嵌入式系统中有专门的数字处理芯片，可以直接仿真数字处理芯片的输入单元。传感器目标仿真，即传感器感知和决策如果是分为两个不同层级的芯片来做，那么可以将传感器检测的理想目标直接仿真到决策层算法输入端。这种目标级输入信号一般是 CAN 总线输入信号，或者其他通信协议格式输入信号。比如，差分 GPS 和 IMU 可以通过串口通信来仿真。一般来说，通过软件仿真的方式达到目标级仿真，提供真值是比较容易做到的，而原始信号，尤其是物理信号的仿真，因为需要使用大量的仿真设备而相对比较复杂[11]。

1.3.5 动力学模块

动力学模块是在车辆仿真中发展最早和最为完善的部分，车辆模型包括自主系统的动力特性和配置。车辆动力学可以包括各种自由度、运动控制、质心和惯性特性、悬架、制动、加速/减速等。传统的商业仿真软件在这个领域已经非常成熟，一般将车辆模型参数化，包括车体模型参数化、轮胎模型参数化、制动系统模型参数化、转向系统模型参数化、动力系统模型参数化、传动系统模型参数化、空气动力学模型参数化、硬件 I/O 接口模型参数化，根据实际测试车辆的动力学模块配置合适参数。使用这些复杂车辆参数，可以保证车辆的仿真精度更高，使被控对象更接近于真实的对象。同时，它还有一个较好的作用是在制作自动驾驶系统开发时可能涉及一些转向、制动、线控系统开发，这种系统也需要被控对象模型。有了这些被控对象模型后，我们就可以把真实的线控制动、线控转向系统和自动驾驶系统集成到大系统中共同做仿真测试。这样测试的目的和意义主要是为了独立验证整个线控系统，同时还可以验证自动驾驶系统与线控系统的交互。就自动驾驶仿真而言，一个关键的问题是虚拟汽车必须还能够像在现实世界中一样在仿真中表现刹车、加速等动作；在高速公路或崎岖不平的道路上行驶时，应表现出和现实中相同的车辆动力学特性。

1.3.6 数据管理模块和大规模并行计算

仿真工具的主要目的之一是生成数据，用于测试、验证性能指标等。仿真工具的一个不错的功能是可以收集用于未来用例的仿真数据，以及用于离线培训、测试。例如，真实感来自模拟的标记数据可用于训练和测试机器学习技术，可以减少对现实世界数据收集的需求。在有了丰富的交通场景库、准确的传感器仿真模型和车辆动力学仿真模型后，如何通过仿真平台加速自动驾驶算法测试和验证的迭代周期，这一问题可以通过纯软件方式的并行计算架构实现。

此外，仿真平台除借助传感器仿真、车辆动力学仿真，通过纯软件的方式接入自动驾驶感知和决策控制系统形成闭环测试之外，集成部分硬件系统的验证测试也是系统开发与验证不可或缺的一部分。通过仿真环境，结合部分硬件系统的计算结果进行测试，可以使软件和硬件的兼容性和功能完整性得以验证，用较低的成本测量验证子系统模块功能安全性。局部子系统的全方位测试验证，可以方便、有针对性地达到系统辨识和错误追踪定位的目的。[1]在自动驾驶仿真系统解耦架构的基础上，作为自动驾驶系统的感知部分，包括摄像头、激光雷达、毫米波雷达、超声波雷达、GPS/IMU、V2X 等，该部分的性能决定了自动驾驶车辆能否适应复杂多变的交通环境。针对不同的传感器，硬件在环会根据不同的传感器和环境因素来部署。前面我们提到的传感器仿真中的物理信号仿真和原始信号仿真，都与硬件在环相关。

1.4 汽车自动驾驶仿真测试面临的主要挑战

1.4.1 自动驾驶仿真测试的验证与精度

仿真对物理现实的表现是不充分的。以对图像进行仿真为例说明，大量的高精度图形将对仿真框架的吞吐量／速度造成不利影响，因此无法快速迭代不同的测试方案。但是，如果环境的逼真度可以高度贴近真实环境，就可能会提高基于机器学习的感知算法及测试传感器功能的开发速度。在视觉上，逼真的环境可以提供用于训练机器学习模型的充足训练数据（图像、数据馈送等），并轻松地将学习结果转移到现实世界，然而高度一致性需要

---

[1] 张微，李鑫慧，吴学易，等. 自动驾驶仿真技术研究现状[J]. 汽车电器，2019(8):13-15.

非常高的成本。为了规避较高成本，目前也有一部分相关研究工作探索这一问题的解决方法，如百度利用增强现实生成高精度数据集用于仿真的 AADS 方法等[6]。一般来说，仿真模型必须满足三个条件。首先，仿真模型与系统原型之间具有一定程度上的相似关系，以保证两者之间的可类比性。比如，摄像头仿真，要在摄像头工作原理和参数关系的基础上进行物理模型仿真，这是仿真模型能够得以存在的基础。其次，仿真模型在一定程度上应该能够代替系统原型。比如，在无人驾驶仿真平台上，摄像头仿真模型应该能代替真实摄像头，在虚拟场景内做环境感知，生成数据。这是能够利用仿真模型来进行实验研究，也是仿真过程能够得以进行的前提条件。最后，通过对仿真模型的研究，能够得到一些关于系统原型的准确信息，即仿真模型具有外推性。比如，利用摄像头仿真模型的参数调节功能，找到真实摄像头可能存在的盲区，这是仿真技术要达到的目标。

1.4.2 所有相关的物理现象的考虑和真实场景的泛化

对自动驾驶系统进行测试，无论是实车测试，还是基于仿真的测试，其核心目的都是希望在覆盖绝大多数场景的情况下得到安全高效的算法，而往往对算法进行开发和测试的场景算例和最终需要达成的场景相比都是很小的一部分——如何通过这部分数据尽可能达成比较好的效果就涉及自动驾驶仿真的可复现性问题，即使仿真比实车测试更加可以覆盖和考虑边缘场景，但是在对保障非常高的安全性这个目标下，在每一个具体的可能涉及安全问题的实际场景中，测试用例都还是极其稀疏的。如何解决从这样一些局部的算例达成对模型整体在应用于全部的驾驶场景下的安全性和稳健性的问题，是自动驾驶仿真的关键问题。真实场景的泛化存在两个问题，一是泛化的方向是否符合统计学意义与测试需求，二是泛化过程中真实性损失。例如，对密集交通流案例进行泛化，更改一条车辆轨迹后，在实际中会对周边多条轨迹产生影响，单车的行驶扰动有时会造成整个交通流的失稳，而简单的泛化扩样方法可能难以重现这类现象。将案例的泛化与车辆行为模型相结合或许是解决这个问题的思路之一。

1.4.3 仿真测试的评价

自动驾驶仿真测试的评价体系主要针对的是自动驾驶整体算法的测试和评估。

本部分简要描述了自动驾驶仿真测试的评价体系，主要针对的是自动驾驶整体算法的测试和评估。在算法接入仿真平台后，起到测试目的的关键部分是交通场景的仿真，即系统预期运行环境的条件模型。环境条件通常概述于"场景"中，包括但不限于道路属性（车道数、坡度、出口、路障、道路条件等）、交通属性（其他交通参与者的数量和速度、其他驾驶员的可能模型）和总体环境条件（能见度、天气条件等）。这些条件模型的组合形态既包括实际交通中经常出现的"标准工况"，也包括对于安全性评价，导致事故的"危险工况"，以及两者相结合的"复杂交通流"。不管哪种模型，测试场景标准化都尤为关键。在第 29 届国际智能车大会 IEEE IV 2018 期间，有论文专门讨论了 ISO 26262 标准中不同阶段对场景描述的要求，提出了满足一致性的场景描述方法，并演示了如何系统建立满足不同阶段需求的场景。场景可以应用到标准的整个开发过程中以得到各中间产物，从概念阶段到产品开发，再到系统验证和测试。而在整个开发周期中，要求在不同抽象级别上对所用场景有一致性表述，就此可以将场景划分为三个抽象级别：功能场景（Functional Scenarios）、逻辑场景（Logical Scenarios）和具体场景（Concrete Scenarios）。功能场景是场景表述的抽象级别场景，是通过语义描述的操作场景，通过语言场景符号来描述域内的实体及实体间的关系。首先需要制定一个术语表，这个术语表包括不同实体的术语和这些实体的关系短语。为了生成一致的功能场景，术语表的所有术语必须是明确的，其来源可以是实际的标准和法规，如道路交通规则。功能场景的详细程度取决于实际的开发阶段和正在开发的项

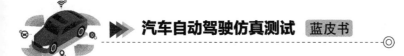

目。逻辑场景以状态空间呈现操作场景。通过定义状态空间内变量的参数范围，可以表达实体特征和实体间的关系。参数范围可以选择用概率分布来确定。此外，不同参数的关系可以通过相关性或数值条件来确定。逻辑场景应包含该场景的形式标记。具体场景以状态空间详细描述了操作场景。通过确定状态空间中每个参数的具体值来明确描述实体和实体间的关系。对于每一个具有连续取值范围的逻辑场景，都可以派生出任意数量的具体场景。为保证生成具体场景的效率，应选择有代表性的离散值进行组合。必须强调的是，只有具体场景可以直接转化为测试用例。要将具体场景转换成测试用例，需要增加被测对象的预期行为表现，以及对相关测试设施的需求。而被测对象的预期行为则可以从操作场景、逻辑场景或项目定义中导出。标准化交通场景确定之后，自动驾驶算法接入仿真平台即开始测试，我们可以记录下自动驾驶车辆从起点出发之后所有的细微表现，如是否闯红灯、压实线，是否发生碰撞，是否到达终点，甚至全程的油门、刹车、转向状态都会被记录下来。自动驾驶的测试评价缘于这些原子结果和车辆状态。

1.5 小结

自动驾驶仿真越来越成为自动驾驶技术落地过程中的核心技术的必经之路。目前，自动驾驶仿真领域还存在诸多重大问题亟待解决。我们有理由相信，随着仿真技术的进步，将从自动驾驶领域扩展到车、路、云端的智能化基础设施仿真等层面，构建一个数据互通互联的数字孪生世界。

参 考 文 献

[1] Kang, Yue, Hang Yin and Christian Berger. "Test Your Self-Driving Algorithm: An Overview of Publicly Available Driving Datasets and Virtual Testing Environments." IEEE Transactions on Intelligent Vehicles 4 (2019): 171-185.

[2] Huang, Wu-Ling, Kunfeng Wang, Yisheng Lv and Fenghua Zhu. "Autonomous vehicles testing methods review." 2016 IEEE 19th International Conference on Intelligent Transportation Systems (ITSC) (2016): 163-168.

[3] Li, Li, Yi-Lun Lin, Nanning Zheng, Fei-Yue Wang, Yuehu Liu, Dongpu Cao, Kunfeng Wang and Wuling Huang. "Artificial intelligence test: a case study of intelligent vehicles." Artificial Intelligence Review 50 (2018): 441-465.

[4] Kalra, Nidhi and Susan M. Paddock. "Driving to safety: How many miles of driving would it take to demonstrate autonomous vehicle reliability?" Transportation Research Part A-policy and Practice 94 (2016): 182-193.

[5] 封硕. 自动驾驶汽车智能测试理论与场景库生成方法[D]. 清华大学，2019.

[6] Li, Wang-hong, Chun Wei Pan, Renyuan Zhang, Jian Ping Ren, Y. X. Ma, Jiafu Fang, Fu Lin Yan, Qin Geng, Xian Ying Huang, H. J. Gong, Weiai Wayne Xu, G. P. Wang, Dinesh Manocha and Ren Gang Yang. "AADS: Augmented autonomous driving simulation using data-driven algorithms." Science Robotics 4 (2019).

[7] Luca Castignani M S. Road testing or simulation? the billion-mile question for autonomous driving development. 2018.

[8] Fadaie, Joshua. "The State of Modeling, Simulation, and Data Utilization within Industry: An Autonomous Vehicles Perspective." ArXiv abs/1910.06075 (2019): n. pag.

[9] Flow, a deep reinforcement learning framework for mixed autonomy traffic, https://flow-project.github.io.

[10] Chao, Qianwen, Huikun Bi, Weizi Li, Tianlu Mao, Zhaoqi Wang, Ming C. Lin and Zhigang Deng. "A Survey on Visual Traffic Simulation: Models, Evaluations, and Applications in Autonomous Driving." Comput. Graph. Forum 39 (2020): 287-308.

[11] 自动驾驶仿真蓝皮书——自动驾驶仿真技术研究报告（2019）[R/OL]. http://www.51hitech. com/values/file-download?type=0.

第 2 章

汽车自动驾驶仿真测试体系

邓伟文[1]　郭继舜[2]　任秉韬[1]

（北京航空航天大学 交通科学与工程学院[1]　广汽集团汽车工程研究院[2]）

2.1 引言

　　汽车自动驾驶系统涵盖道路及路标识别、周边交通车辆或行人识别、危险目标判断、安全决策与轨迹规划、自动控制与操作等诸多驾驶功能，使得行驶环境与智能汽车密切相关，并成为其重要组成部分。

　　汽车行驶环境包括道路及道路结构、天气和光照条件，特别是各类交通参与物及其形态、密度、行为等交通状况，构成了影响汽车行驶安全最为关键的因素。因此，智能汽车技术与产品的测试验证是保证其安全可靠并实现大规模产业化所面临的重要挑战。以由美国移动交通中心（MTC）在密歇根大学建造的首个针对 V2X 和自动驾驶的试验场 M-City 为代表，世界各国为汽车智能驾驶的测试验证建造了一大批类似的封闭测试场地。典型的测试场景包括高速公路、乡村及城市路况，隧道、林荫道、匝道、十字路口、丁字路口、立交桥、圆形环岛、地下停车场等各种模拟交通场景，对于加快智能汽车的产业化步伐起到了积极的推动作用。

然而，由于汽车行驶环境具有典型的随机特征和不确定的自然属性，往往不可预测、难以复制、不可穷举等，呈现出高度的动态、开放、复杂等不确定特性，使得基于传统的开放道路或封闭场地的测试周期长、成本高，特别是安全难以保障。据美国兰德公司2016年发布的报告"Driving to Safety"[1]，汽车自动驾驶需要行驶数十亿千米，甚至数百亿千米才可能证明其可靠性和安全性，因此只靠道路或场地测试显然无法满足汽车自动驾驶的测试验证需求。

基于数学模型的开发平台和基于数值模拟的开发方法已成为当今世界汽车技术研发的主流理念。在传统汽车技术、功能和产品的研发测试方面，世界主要汽车制造企业的数字虚拟研发比重高达70%以上。汽车产品的竞争最终是技术的竞争，更是研发理念、方法和工具的竞争。"工欲善其事，必先利其器"，这一理念已成为当今汽车技术研发的主旋律。

随着计算机软硬件技术的不断发展，以及物理建模、环境模拟和数值求解等技术的不断成熟，模拟仿真技术被广泛地视为有效解决传统的基于开放道路或封闭试验场测试所存在的问题的有效且重要手段，也是汽车智能驾驶技术与产品测试、验证和评价的必然途径。基于计算机模拟仿真技术的虚拟仿真测试不仅可复现性好，也具有不受时间、气候、场地限制等优点，并且可代替危险性试验，可便捷地、自动地调整试验参数，从而缩短开发周期、提高效率、降低成本、保障安全。

美国Alphabet公司旗下的Waymo研发的智能驾驶汽车是当今世界汽车智能化最高水平的代表，其成功很大程度上得益于仿真测试技术及其广泛的应用。截至2019年年底，Waymo进行的仿真测试里程数已达到100亿千米，相比之下，道路测试总里程数才1 000多万千米。任何成功的自动驾驶系统都是99%以上的模拟，加上一些精心设计的结构化测试，再加上一些路测组成的[3]。仿真测试技术和驾驶模拟手段已经成为当今世界汽车智能化技术与产品研发的主流趋势和必然发展方向，也是汽车智能驾驶技术与产品研发、测试、评价的重要技术途径，如图 2-1 所示。

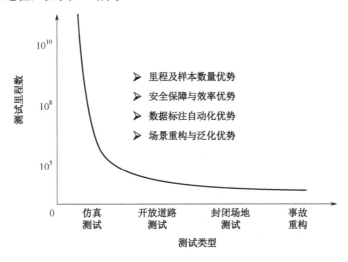

图 2-1　仿真是主导汽车自动驾驶测试的关键技术

2.2　汽车自动驾驶仿真测试系统架构

汽车自动驾驶的产品开发周期一般从概念设计开始，以算法研发为主，历经反复的系统测试，到最后评测机构的安全可靠性验证与评价等。自动驾驶算法实现的功能性及稳健性，系统实现的功能、性能，特别是安全可靠性等都需要大量的可重复、高覆盖、强随机、大边界的测试用例或场景，以及评测机构以安全可靠性为目标的评价或准入验证。此外，汽车自动驾驶系统的环境感知、决策规划、控制执行等诸多系统，其功能与性能要求也各不相同，都是决定仿真测试系统架构的关键因素。

面向汽车自动驾驶的仿真测试技术一般包括物理建模、环境模拟与数值仿真等。环境模拟包括道路、交通及天气、光照等模拟，以及相对应的各类环境传感器建模，是汽车自动驾驶仿真技术的重要特点，也是与传统汽车模拟仿真技术相比较的主要区别和挑战所在。汽车自动驾驶仿真测试系统架构既体现仿真测试技术的特点，也反映仿真测试系统的功能组成及其相互关联，如图 2-2 所示。

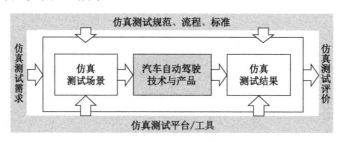

图 2-2　汽车自动驾驶仿真测试架构

仿真测试需求是仿真测试系统的重要前提，也是决定仿真测试场景选择、仿真测试方法和工具，以及仿真测试评价指标或标准的重要依据。仿真测试场景是仿真测试的重要输入，其质量和适用性是决定仿真测试与评价效果和质量的关键因素。仿真测试规范、流程、标准等是仿真测试实现标准化、规范化和自动化的基础条件，而仿真测试平台是开展仿真测试、支撑仿真测试需求定义、支撑仿真测试流程和仿真测试评价的重要工具。

2.2.1　仿真测试需求

仿真测试需求的定义是决定仿真测试技术的重要前提。一方面，汽车自动驾驶仿真测试需求首先源于其系统或产品需求，即被测对象的功能与性能要求，包括自动驾驶感知系统的功能与性能、决策规划系统的功能与性能、控制执行系统的功能与性能等，以及作为系统整体的安全性、可靠性和舒适性等要求；另一方面，被测对象产品化过程中不同阶段对测试有着不同的需求，如概念设计阶段、系统研发阶段、产品验证阶段等。

仿真测试需求是构建仿真测试场景的重要依据，也是核查或验证系统是否满足产品设计需求的关键，有别于道路测试，其互补性和独特性也是决定使用何种测试技术的重要考虑因素。

仿真测试需求也是设计并检验仿真测试场景或场景库的质量及适用性、仿真测试平台或工具的效率及实用性、仿真测试评价标准体系的合理性及指导性等的重要依据。

2.2.2 仿真测试平台

汽车自动驾驶的测试是其产品"V"模式研发的重要组成部分，即以需求为驱动、基于模型的开发方法，自顶向下分解设计、自底向上集成验证；借助模拟仿真技术，并通过软硬件等多物理体在环和人在回路等技术提升仿真测试的置信度，高效、安全、高质量地打通产品开发从概念构思到原型开发，再到产品定型的整个研发周期，如图2-3所示。

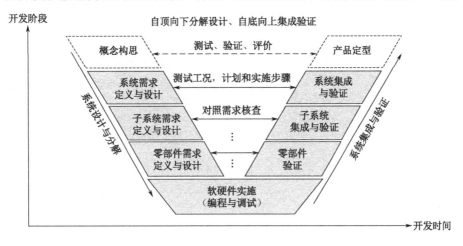

图2-3 "V"模式下的产品研发与测试验证

模拟仿真是基于模型开发方法的重要技术手段。一方面，在产品构思、系统设计与分解过程中，可以利用软件模拟仿真平台大大加快产品前期的开发与迭代进度，不仅迭代效率高，而且成本低；另一方面，随着子系统或零部件硬件的完成，可以利用硬件在环仿真进一步提高仿真置信度，加快产品验证进度，这里的"硬件"可以广泛地包括汽车电子控制器、制动器或转向器等底盘系统、动力和动力传动系统等。最后，可以利用驾驶模拟器实现人在回路的模拟仿真,加速对拟定型产品的主客观评价。

模拟仿真技术建立在对物理世界高精度模拟和对数学方程高效数值仿真的基础之上。一方面,通过纯离线(软件)仿真、实时软硬件在环(或多物理体在环)仿真,以及包含驾驶员的人在回路仿真等仿真方法或驾驶模拟器等平台,借助于图形化或方框图建模语言、代码自动生成、快速原型等工具和理念,形成支持汽车自动驾驶系统开发的仿真测试工具链,以大幅度降低对实车测试的要求,也为实车测试与验证奠定关键的基础,如图 2-4 所示。

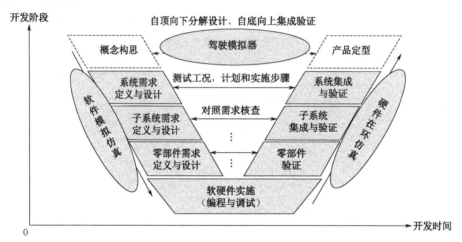

图 2-4 "V"模式下的模拟仿真技术

仿真测试平台是支撑汽车自动驾驶技术与产品测试的重要基础。一方面,在产品研发的初级阶段,对仿真测试的模型精细度和仿真实时性要求均可适当降低,使得基于仿真软件平台的测试有其高效、快速和低成本优势;另一方面,随着产品研发进入原型和定型阶段,对仿真测试的模型精细度和仿真实时性要求也不断提高,使得基于多物理体在环、人在回路的实时仿真平台的测试具有其精确、逼真,并部分替代实车测试的效率、成本和安全优势。

产品研发初始阶段一般可以通过纯软件离线仿真（Offline Simulation）的形式进行开发与测试。其仿真平台一般包括环境模型（道路、交通、气象等模型）、车辆模型及车载环境传感器模型等，同时还包括运行自动驾驶算法的计算平台。如图 2-5 所示为诸多类似仿真测试平台之一。仿真测试的快捷性与便利性是非实时纯软件平台的特色与优势。

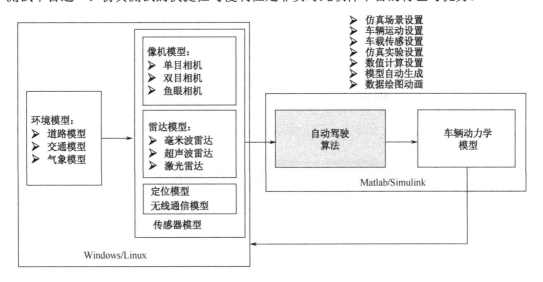

图 2-5　汽车自动驾驶仿真测试软件平台

基于模拟仿真技术的仿真测试还可进一步支持实时软硬件在环、车辆在环（SiL/HiL/ViL）和驾驶员在环（DiL）等多物理体在环实时仿真测试。通过实时硬件等多物理体在环仿真，不断提升模拟仿真系统的置信度，实现模拟仿真系统与实车系统的衔接过渡，以提高仿真平台下汽车自动驾驶技术与产品的开发效率和质量。

如图 2-6 所示为典型的实时仿真环境下的汽车自动驾驶测试平台之一，与其他诸多平台相似，该平台包含支撑仿真测试场景的环境模型、传感器模型、车辆动力学模型，以及相对应的多物理体在环仿真与驾驶模拟器系统等。

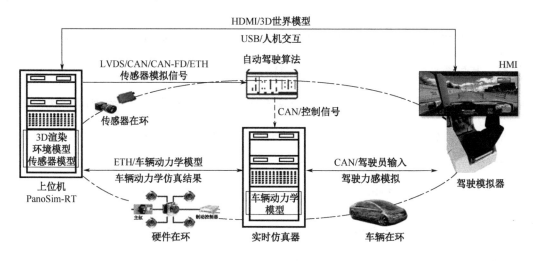

图 2-6 汽车自动驾驶实时仿真测试平台

2.3 汽车自动驾驶仿真测试的关键技术

汽车自动驾驶仿真测试是一项相对较新，涉及自动驾驶、模拟仿真和测试评价等诸多领域的技术，具有典型的多学科和跨领域特征，而仿真场景的构建、环境传感器建模及仿真测试评价等都是其关键技术。

汽车自动驾驶模拟仿真技术是精确物理建模、高效数值仿真、高逼真图像渲染等方法的集成，需要逼真地构建包括车辆、道路、天气和光照、交通等在内的人车环境模型，以及各类车载传感器模型。针对汽车行驶环境无限丰富的特征，以及对车载环境传感器的复杂影响，综合运用几何、物理、图像及概率等多种映射方式构建具有不同属性、满足不同应用需求的高逼真度数字化场景及场景库，如图 2-7 所示。

针对汽车自动驾驶技术与产品的测试特点，一方面，道路交通事故往往发生在一些边缘或极端行驶工况，属小概率事件。而对小概率事件的测试往往需巨大的数据样本或很长的测试周期，更何况事故本身的危险性和难以复制性，使得道路测试既不安全，也不现实。另一方面，借助模拟仿真方法与工具，可自动构建并生成各种内容丰富、逼真、数量巨大的虚拟场景，自动创建各种典型驾驶工况、极限或边缘行驶环境，创建满足 DO-178C、ASIL 和 ISO 26262、SOTIF 等在内的各种测试标准、规范及测试需求的测试用例，实现汽车自动驾驶全天候、全工况的自动化测试、验证和评价，体现了比实际道路或场地测试更为明显的安全和效率优势。

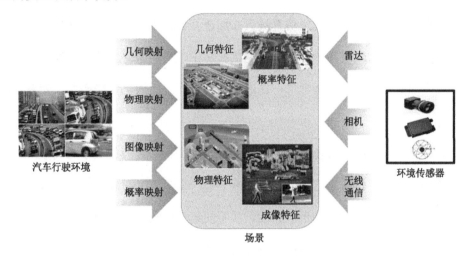

图 2-7　基于多维度映射的场景构建

汽车自动驾驶仿真测试涉及的关键技术主要包括以下内容。

2.3.1　汽车行驶环境模拟技术

汽车行驶环境十分复杂，包括道路、交通、天气和光照等复杂成分，广泛地涉及物理世界中声、光、电、热等物理现象，以及包括温度、湿度、气压、雨雪雾等在内的大气现象。行驶环境不仅是影响汽车行驶安全和性能的关键因素，也是影响车载环境传感器对环境检测和感知的关键因素。环境模拟不仅涉及范围广，而且对车载环境传感感知的影响机理也极其复杂，具有高度的随机特征和不确定性等。

汽车行驶环境无限丰富，极其复杂，不可穷举，测试场景则是对行驶环境的有限映射。测试场景从属性上可分为自然驾驶场景、标准规范场景、危险极限场景等不同类别；从组成上一般又包括道路及道路结构（路型、路面、路网等）、交通参与物（车辆、行人、自行车等）、行驶场合（高速公路、城市、乡村等）。

危险极限场景有别于自然驾驶的正常性和典型性，是影响驾驶安全的重要因素，也是仿真测试的重要测试手段，体现了仿真场景在加速测试或压力测试方面的独特优势。危险极限场景一般包括恶劣天气环境、复杂道路状况、无序交通条件、典型交通事故等，通常由不良天气光照条件、复杂地理地形、交通混乱拥堵、路面缺陷、障碍物、驾驶员的不当操作等引起。

汽车虚拟行驶环境或仿真场景，一般可通过对真实行驶环境的数字化离散采样，叠加包括随机移动、翻转、扭曲、遮挡等人为随机干预，结合 3D 可视化处理等方法构建。另外，仿真场景也可基于计算机图形学方法，从不同维度的映射构建而成，即根据环境传感器的感知特性从几何特征、物理特征、图像特征和概率特征等不同维度抽象构建场景，完成对行驶环境的抽象过程，包括道路模型或地图导入、场景渲染、交通建模、天气与光照建模。场景构建不仅是构建类似真实道路影响被测车辆运动的道路、交通和气象等因素，包括前后车的加速、急转弯、不当切入、急停等，也是车辆避障策略设计或自动驾驶模型训练的重要数据样本来源。

仿真场景同其他测试场景一样，其质量决定仿真测试的效果，其适用性决定仿真测试的效率等。仿真场景的质量可从以下几个维度评价：① 场景的逼真度或真实性；② 场景的覆盖度或完整性；③ 场景的复杂度或无序性；④ 场景的危险度或边缘性。场景的适用性主要指场景与被测对象或被测内容的关联度、针对性及对不同被测对象或内容测试的泛化能力。

2.3.2 环境传感器建模技术

汽车自动驾驶系统常用的环境传感感知设备包括各类相机及雷达、定位和无线通信设备等，包括基于几何与物理建模和图像模拟混合建模方法的相机模型，以支持对车载相机、视觉成像和图像处理等的模拟和仿真；包括考虑雷达电磁波发射、传播、反射和接收机理，考虑复杂天气、地表杂波和干扰等环境因素，目标散射面积（RCS）等对功率衰减和检测误差影响机理的雷达建模方法，以及支持定位导航的 GPS 建模和支持车车通信的车载无线通信信道建模方法等。

场景的"视觉"是环境传感器或环境传感感知与融合系统。环境传感器一般包括检测单元和信号处理单元等。前者一般输出未经处理的原始信号（Raw Signal），如雷达的扫描反射线、相机的像素信号等；而后者则是经过传感器信号处理单元处理的检测信号（Processed Signal），包括目标聚类与跟踪、图像畸变校正与去马赛克等，如图 2-8 所示。

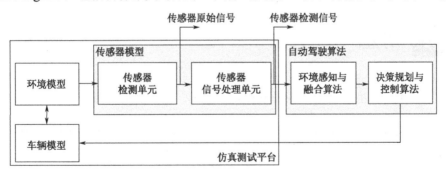

图 2-8 仿真测试的环境传感器建模

2.3.3 车辆动力学建模技术

精确且高效的车辆动力学建模是汽车自动驾驶仿真测试的重要基础，包括汽车底盘（制动系统、转向系统和悬架系统）和动力总成（发动机、变速箱、离合器、差分器等）建模、轮胎建模等。此外，驾驶模拟器还包括方向盘力感模拟和驾驶动感模拟等，以支持汽车自动驾驶在各种行驶工况下的运动轨迹跟随、安全避撞，以及动力性、舒适性和操纵稳定性等的模拟仿真。

2.3.4 一体化模拟仿真技术

汽车，特别是现代智能汽车技术及产品的研发涉及概念设计和定义、系统设计与分解、软硬件设计与开发、系统集成、测试与验证等诸多环节，而不同环节又有着不同的技术需求。传统的模拟仿真技术往往建立在不同的仿真平台上，存在时钟不同步、数据不兼容、界面不统一，以及虚拟仿真与道路测试脱节等问题。建立一体化模拟仿真平台即是实现从离线到实时、从软件模拟到硬件在环、从虚拟仿真到实车测试，以及包含人车环境在内的无缝工具链和数据链，形成支持汽车自动驾驶技术与产品研发不同阶段、不同环节和不同需求下的分析、设计、研究、测试、验证和评价等一体化仿真流程与平台。

2.4 小结

汽车仿真测试具有广泛的应用场景和发展前景，它不仅是传统汽车电子控制技术与产品测试的延续与发展，更是汽车高级辅助驾驶系统（ADAS）、汽车自动驾驶系统、汽车智能网联系统，以及包括车车协同和车路协同等在内的智能交通系统测试、验证与评价的重要技术手段和必然技术趋势。

汽车自动驾驶仿真测试技术的发展不仅在于追求高精度、高效率和高实时性等技术性能，还在于支持独立和分布式计算架构，支持云平台运行，支持自动化和标准化操作，支持与道路测试和实际运营数据的无缝连接，支持与自动驾驶算法开发的架构一体化，形成可持续迭代、不断优化的发展态势。

参 考 文 献

[1] Driving to Safety: https://www.rand.org/pubs/research_reports/RR1478.html.

[2] TC Sessions: Mobility 2019: https://techcrunch.com/2019/07/10/.

[3] http://www.360doc.com/content/18/0611/16/52103391_761469873.shtml.

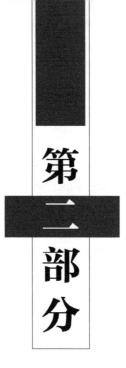

第二部分

技 术 篇

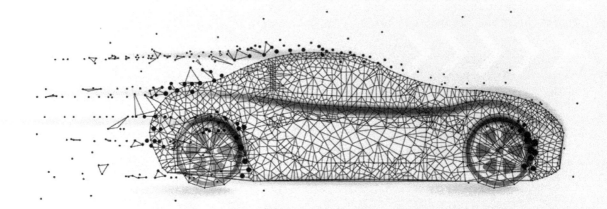

第 3 章

三维环境建模与可视化技术 [1]

王忆源 [1]

（北京五一视界数字孪生科技股份有限公司（51WORLD）[1]）

3.1 引言

目前，行业内对自动驾驶仿真的共识是通过多种传感器仿真、车辆动力学仿真、高级图形处理、交通流仿真、数字仿真、道路建模等技术模拟路测环境，并添加算法，搭建相对真实的驾驶场景，来完成汽车自动驾驶路测工作的一种形式。其中，道路与环境建模的逼真度对传感器仿真、车辆动力学仿真等仿真模块置信度和可靠性评估较为重要，对整个仿真平台的测试有效性也比较重要，这离不开传统计算机图形学的帮助。

3.2 计算机图形学发展历程及其在仿真测试中的应用

计算机图形学（Computer Graphics）是一种使用数学算法将二维或三维图形转化为计算机显示器的栅格形式的科学。简单地说，计算机图形学的主要研究内容就是研究如何在计算机中表示图形，以及利用计算机进行图形的计算、处理和显示的相关原理与算法。图形通常由点、线、面、体等几何元素和灰度、色彩、线型、线宽等非几何属性组成。从处理技术上来看，图形主要分为两类，一类是基于线条信息表示的图形，如工程图、等高线地图、曲面的线框图等；另一类是明暗图形，也就是通常所说的真实感图形。计算机图形学的一个主要目的就是要利用计算机产生令人赏心悦目的真实感图形。为此，必须建立图形所描述的场景的几何表示，再用某种光照模型，计算在假想的光源、纹理、材质属性下的光照明效果。因此，计算机图形学与另一门学科——计算机辅助几何设计有着密切的关系。事实上，计算机图形学也把可以表示几何场景的曲线曲面造型技术和实体造型技术作为其主要的研究内容。同时，真实感图形计算的结果是以数字图像的方式提供的，计算机图形学也就和图像处理有着密切的关系。图形与图像两个概念间的区别越来越模糊，但还是有区别的：图像纯指计算机内以位图形式存在的灰度信息；而图形含有几何属性，或者说更强调场景的几何表示，是由场景的几何模型和景物的物理属性共同组成的。计算机图形学的研究范围非常广泛，如图形硬件、图形标准、图形交互技术、光栅图形生成算法、曲线曲面造型、实体造型、真实感图形计算与显示算法，以及科学计算可视化、计算机动画、自然景物仿真、虚拟现实等。

计算机图形学有着比较悠久的历史，早在20世纪50年代，第一台图形显示器作为美国麻省理工学院（MIT）旋风Ⅰ号（Whirlwind I）计算机的附件诞生了。该显示器用一个类似于示波器的阴极射线管（CRT）来显示一些简单的图形。这时，计算机图形学处于准备和酝酿时期，被称为"被动式"图形学。到20世纪50年代末期，麻省理工学院的林肯实验室在"旋风"计算机上开发SAGE空中防御体系，第一次使用了具有指挥和控制功能的阴极射线管显示器，操作者可以用笔在屏幕上指出被确定的目标。与此同时，类似的技术在设计和生产过程中也陆续得到了应用，这预示着交互式计算机图形学的诞生。到了20世纪60年代，麻省理工学院林肯实验室的伊凡·苏泽兰发表了一篇题为《Sketchpad：一个人机交互通信的图形系统》的博士论文。他在论文中首次使用了"计算机图形学"（Computer Graphics）这个术语，证明了交互式计算机图形学是一个可行的、有用的研究领域，从而确定了计算机图形学作为一个崭新的科学分支的独立地位。20 世纪 70 年代是计算机图形学发展过程中的一个重要历史时期。由于光栅显示器的产生，在 20 世纪 60 年代就已萌芽的光栅图形学算法迅速发展起来，区域填充、裁剪、消隐等基本图形概念及其相应算法纷纷诞生，计算机图形学进入了第一个兴盛时期，并开始出现实用的 CAD（Computer Aided Design，计算机辅助设计）图形系统。又因为通用、与设备无关的图形软件的发展，图形软件功能的标准化问题被提了出来。1974 年，美国国家标准学会（ANSI）在 ACM SIGGRAPH（计算机图形图像特别兴趣小组）的一个"与机器无关的图形技术"的工作会议上，提出了制定有关标准的基本规则。此后，ACM SIGGRAPH 专门成立了一个图形标准化委员会，开始制定有关标准。该委员会于 1977 年、1979 年先后制定和修改了"核心图形系统"（Core Graphics System）。ISO（国际标准化组织）随后又发布了计算机图形接口（Computer Graphics Interface，CGI）、计算机图形元文件（Computer Graphics Metafile，CGM）标准、计算机图形核心系统（Graphics Kernel System，GKS）、面向程序员的层次交互式图形标准（Programmer's Hierarchical Interactive Graphics Standard，PHIGS）等。这些标准的制定，对计算机图形学的推广、应用、资源信息共享起到了重要作用。20 世纪 70 年代，计算机图形学另外两个重要进展是真实感图形学和实体造型技术的产生。1970 年，Bouknight 提出了第一个光反射模型。1971 年，Gourand 提出了"漫反射模型＋插值"的思想，被称为 Gourand 明暗处理。1975 年，Phong 提出了著名的简单光照模型——Phong 光照模型。这些可以算是真实感图形学最早的开创性工作。另外，从 1973 年开始，相继出现了英国剑桥大学 CAD 小组的 Build 系统、美国罗彻斯特大学的 PADL-1 系统等实体造型系统。20 世纪 80 年代，Whitted 提出了一个光透视模型——Whitted 模型，并第一次给出光线跟踪算法的范例，实现 Whitted 模型。1984 年，美国康奈尔大学和日本广岛大学的学者分别将热辐射工程中的辐射度算法引入计算机图形学中，用辐射度算法成功地模拟了理想漫反射体表面间的多重漫反射效果。光线跟踪算法和辐射度算法的提出，标志着真实感图形的显示算法已逐渐成熟。从 20 世纪 80 年代中期以来，超大规模集成电路的发展，为图形学的飞速发展奠定了物质基础。计算机运算能力的提高、图形处理速度的加快，使计算机图形学的各个研究方向得到充分发展。不仅如此，很多基于计算机图形学的新兴学科也逐步形成，如机器学习、机器视觉、人工智能，它们的应用产物正越来越多地出现在我们的工作和生活之中。

汽车自动驾驶相比计算机图形学来说是一个新生事物，消费者对其安全性还不够信任。那么，汽车自动驾驶的安全性达到什么水平才能被消费者接受呢？至少不低于人类驾驶员水平，这应该是一个最起码的要求。根据美国兰德公司的一份名为 *Driving to Safety* 的报告，要证明汽车自动驾驶相比于人类驾驶员能够减少 20%的交通事故死亡率，需要进行约 80 亿千米的公共道路测试，假设由 100 辆车组成的车队每年 365 天每天 24 小时不间歇地以 40 km/h 的平均速度进行测试，大概需要 225 年才能完成。这个测试时间显然是不现实的。这就要求在实车测试之外，寻求其他方法，大幅缩短测试时间。在虚拟环境下进行大规模的仿真测试，成为必须选择的方法。例如，waymo 公司的 CarCraft 仿真平台中，有 25 000 台仿真车辆同时进行测试，每天总计可进行 1 200 万千米的测试。按照这个速度，完成上面提到的 80 亿千米的测试，仅需要 2 年就能完成。那我们该如何搭建虚拟环境呢？要模拟车所在的环境，就得把真实世界投影到虚拟世界中，并且需要构造真实世界的物理规律。例如，需要模拟真实世界的房子、车、树木、道路、红绿灯，不仅需要大小一致，还需要能够模拟它们在真实世界中的物理规律，如树和云层会遮挡住阳光、房子或障碍物会阻挡车的前进、车启动和停止时会有加减速 S 曲线。这属于计算机图形学的范畴，涉及建模、渲染、动画和人机交互四个阶段。简言之，虚拟世界只有满足真实世界的物理规律才足够真实，模拟效果才足够好。借助游戏引擎，通过游戏引擎模拟自然界的各种物理规律，可以让虚拟世界和真实世界无限逼近，形成数字孪生闭环。静态和动态仿真世界参见图3-1。

图3-1 静态和动态仿真世界

3.3 三维环境建模方法

要在计算机中表示一个三维物体，首先要有它的几何模型表达。因此，三维模型的建模是计算机图形学的基础，是学习其他内容的前提。表达一个几何物体，可以用数学上的样条函数或隐式函数来表达，也可以用光滑曲面上的采样点及其连接关系上的三角网格来表达（即连续曲面的分片线性逼近）。三维建模方法主要包含如下一些方法。

计算机辅助设计（CAD）中的主流方法是采用 NURBS（非均匀有理样条）方法（已成为 CAD 工业领域的标准），这也是计算机辅助几何设计（CAGD）所研究的主要内容。

此类表达方法有一些难点问题仍未解决，如非正规情况下的曲面光滑拼合、复杂曲面表达等。

细分曲面（Subdivision Surface）造型方法，作为一种离散迭代的曲面构造方法，由于其构造过程朴素简单及实现容易，是一个研究热点。经过十多年的研究发展，细分曲面造型方法取得了较大的进展，包括奇异点处的连续性构造方法及与 GPU 图形硬件相结合的曲面处理方法。

利用软件的直接手工建模方法。现在，主流的商业化的三维建模软件有 Autodesk 3ds Max 和 Maya。其他还有面向特定领域的商业化软件，如面向建筑模型造型的 SketchUp、面向 CAD/CAM/CAE 的 CATIA 和 AutoCAD、面向机械设计的 SolidWorks、面向造船行业的 Rhino 等。这些软件需要建模人员有较强的专业知识，而且需要一定时期的培训才能掌握，建模效率低且学习门槛高，不易于普及和让非专业用户使用。

基于草图交互方式的三维建模方法。草图交互方式由于其符合人类原有日常生活中的思考习惯，交互方式直观、简单，是近几年研究的热点建模方法。其难点是根据具体的应用场合，如何正确地理解和识别用户的交互所表达的语义，构造出用户所希望的模型。

基于语法及规则的过程式建模方法。这种方法特别适合具有重复特征和结构化的几何物体与场景，如建筑、树木等。

基于图像或视频的建模方法。这是传统的计算机视觉所要解决的基本问题。在计算机图形学领域，这方面的发展也很迅速。有一些商业化软件或云服务（如 Autodesk 123D），已经能根据若干张照片重建出所拍摄物体的三维模型。该方法的问题是需要物体本身已经存在，而且重建的三维模型的精度有限。

基于扫描点云（深度图像如 Kinect、结构光扫描、激光扫描、LiDAR 扫描等）的建模方法。随着深度相机的出现及扫描仪价格的迅速下降，人们采集三维数据变得容易，从采集到的三维点云来重建三维模型的工作在最近几年的亚洲计算机图形和交互技术会议暨展览会上常能见到。但是，单纯的重建方式存在精度低、稳定性差和运算量大等不足，远未能满足实际需求。

基于现有模型来合成建模的方法。随着三维模型的逐渐增多，可以利用现有的三维模型通过简单的操作，如剪贴或分析及变形等手段来拼接或合成新的三维模型。这种通过"学习"模型数据库的知识来进行建模的手段在近3～5年里成为热门研究领域。从某方面来讲，这就是"大数据时代"背景下计算机图形学领域中的一个具体表现。

在对三维几何模型的构建过程中，还会涉及很多需要处理的几何问题，如数据去噪（Denoising or Smoothing）、补洞（Repairing）、简化（Simplification）、层次细节（Level of Detail）、参数化（Parameterization）、变形（Deformation）、分割（Segmentation）、形状分析及检索（Shape Analysis and Retrieval）等。即便有了如此之多的三维建模方法，但仍然未出现一种完全适用于自动驾驶仿真环境的建模工具。大多数情况下，仿真环境的搭建会综合若干种方式展开，结合自动化生成和精细化建模，主要区分路网层、植被层、建筑层等，虚拟仿真环境的层次化建模如图3-2所示。

图3-2　虚拟仿真环境的层次化建模

3.4 大场景真实感三维环境渲染

有了三维模型或场景，怎么把这些三维几何模型画出来，产生高逼真度的仿真场景？这就是传统的计算机图形学的核心任务，而如今借助物理级游戏引擎，逐步形成了基于高运行效率的超大规模模型渲染和地形渲染技术。该技术主要想解决的问题是海量地形模型、超大规模交通流和渲染服务器硬件算力之间的矛盾，这就要求尽可能降低地形模型的几何复杂度，减少实时绘制的数据量，提高整个场景的绘制效率，该领域所实现的技术工作主要集中在地形网格底层数据载体（OpenDRIVE）的快速加载、三维场景的关卡化管理和异步加载与卸载、动态模型和其他三维模型的 LOD（Levels Of Detail，多细节层次）优化与呈现。大场景真实感渲染还原参见图 3-3。

图 3-3 大场景真实感渲染还原

大场景真实感三维环境渲染作为大规模场景构建的基础，首先要确定适合仿真、编辑和可视化的标准路网格式。标准路网格式应包括道路线型、宽度、高程，以及交通标线、信号灯、标志标牌等设施信息。目前，行业内一般采用 OpenDRIVE 标准格式。地形网格底层数据载体所采用的 OpenDRIVE 标准格式是对路网结构的描述性文件，文件格式为

XML。XML 文件种类包含了 Road、Junction、Station 等诸多道路路网信息，其路网结构化描述如图 3-4 所示，并支持自定义扩展。

图 3-4　路网结构化描述

|- OpenDRIVE

|- header [1]

|- road [1+]

|- controller [0+]

|- junction [0+]

|- junctionGroup [0+]

|- station [0+]

|- road [name, length, id, junction]

|- link

|- type

|- planView

|- elevationProfile

|- lateralProfile

|- lanes

|- objects

|- signals

|- surface

|- railroad

结构的轻量化带来的好处是文件体积较小，解析快速，通过坐标转化的方式，将 WGS-84 坐标系统转换为渲染引擎内坐标系统，同时基于预设模型库自动 / 半自动地生成三维场景（生成流程参见图 3-5），包括道路、路面标线、标识牌、交通灯、信号杆、龙门架、直立信号杆、停止线、路灯杆、斑马线区域等，仿真场景——三维道路构建如图 3-6 所示。

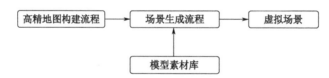

图 3-5 三维场景生成流程

图 3-6 仿真场景——三维道路构建

三维场景提供 24 小时昼夜变换、大气渲染和自动光照变化的效果。基于时间变化，在不同时段里自动加载不同时间段的渲染参数，包括太阳光角度、太阳光强度、雾的指数、月光强度、天空光的颜色和强度等，如图 3-7、图 3-8 所示。

图 3-7　仿真场景——清晨

图 3-8　仿真场景——下午

时间参数也会关联场景环境的材质特效参数，当判断夜晚降临后，会自动开启夜景灯光效果，如图 3-9 所示。

图 3-9　仿真场景——夜景灯光效果

除了天空云层效果，场景中还会同步一个天气粒子发射器，用于根据天气参数设置表格生成不同的粒子效果，如区分小雨、中雨、大雨、暴雨、雨夹雪、小雪、中雪、暴雪等的效果。另外，还有对应的材质变化效果，配合白平衡、全局色彩饱和度及对比度、Gamma、色差校正等后处理特效,可以更真实地还原不同的天气情况,以达到仿真模拟的效果。如图 3-10、图 3-11 所示,为雨天和雪天两种不同的天气效果。

图 3-10 仿真场景——雨天效果

图 3-11 仿真场景——雪天效果

在三维场景规模较大、单机渲染算力无法满足需求的情况下,可以引入物理引擎的关卡流送技术。关卡流送技术可将地图文件加载到内存中,也可从内存中卸载地图文件,并在场景展示过程中切换地图的显示方式。这样一来,场景便能拆分为较小的文件块,只有相关的部分才会占用资源并被渲染。关卡分布在平面网格中,并在视角靠近时流入。实现关卡无缝混合的第一步是创建固定关卡。可将固定关卡视为一个主关卡,主要用于管理哪些关卡将流进和流出。通过渲染引擎的 Levels 窗口对流送关卡进行管理。流送关卡可与固定关卡重叠,或偏移,创建更大的世界场景。使用流送关卡的流送类型可设为 Always Loaded 或 Blueprint。当流送关卡被设为 Always Loaded 时,将与固定关卡一同加载,也将与固定关卡一同变为可见状态。它将无视指定的流送体积域，以及来自蓝图或 C++代码的所有加载/卸载请求。这类关卡分段常用于将固定关卡中的常见内容拆分为多个"层"，以便将重点区域总是加载在内存中，避免视角平移过程中的不断加载/卸载。Blueprint（蓝图）流送类型的流送关卡实际上会受到关卡流送体积域、蓝图或 C++代码的控制。这些关卡可被动态加载或卸载。除了固定关卡，其他所有的关卡都会在小地图中有一个图片和一个在世界中的位置。当关卡里面的内容发生改变时，关卡的这张图片也会被更新。小地图允许你在顶视图预览你的世界，并且通过拖曳各个关卡来设定它们的位置。当拖动关卡时，它们将会捕捉其他关卡的边缘。

大规模场景的渲染性能提升除关卡流送技术之外，多细节层次（Level of Details，LOD）技术更为基础。多细节层次技术根据距离加载不同层级的场景，以控制整体的渲染预算，让整个体验过程非常流畅、顺滑。在微观视角下，采用比较真实的车辆及其周边元素模型。而在中观视角下，则使用更低级别的车辆和道路模型贴图等级，以确保大场景、多车辆交通仿真的流畅 3D 展示。业界对流畅度的理解基本定义为实现最低帧率不低于 30 帧/秒。为达到这一目标，数字资产需要支持 L1~L5 五个层级的 LOD，根据可视距离自动切换，以符合从近到远的渲染需求。每个细节程度的层级，需要分别设置不同的加载距离，当渲染摄像机距离超过设置距离时，则隐藏高细节程度的模型。

如表 3-1 所示为场景分级组织子系统对于层级划分的需求。

表 3-1 场景分级组织子系统对于层级划分的需求

多细节层级 LOD	最大三角形数 Triangles Count/个	最大图元数 Primitives Count/个	加载距离 Draw Distance/km	同时可见性预估 Tiles Count (at the same time) max/avg
1	1 000 000	2 500	0~2	4/1
2	200 000	50	2~8	64/16
3	50 000	7	8~16	256/64

续表

多细节层级 LOD	最大三角形数 Triangles Count/个	最大图元数 Primitives Count/个	加载距离 Draw Distance/km	同时可见性预估 Tiles Count (at the same time) max/avg
4	12 500	2	16～32	1 024/256
5	3 000	1	32	4 096/1 024
Total	1 265 500	2 560	—	—

场景 LOD 层级划分表对应如图 3-12 所示，该图展示了仿真场景——雪天效果。

L1 层级

L2 层级

L3 层级

L4 层级

L5 层级

图 3-12　仿真场景——雪天效果

3.5 虚拟与混合现实技术的应用

近年来，通过仿真系统加速自动驾驶系统测试已经得到国内外企业和学术界的认可，成为自动驾驶系统开发和验证的重要组成部分。现阶段，最先进的仿真系统都借助计算机图形学，以及物理游戏引擎渲染真实感的三维模型来生成测试驾驶场景，但这种方式具有一些局限。其创建的虚拟模型和车流运动仍然需要手工修正与处理，将消耗大量时间和人力成本。建立的场景越精确、越逼真，花费的人力成本会越高，也越费时。此外，通过游戏引擎渲染得到的 CG（Computer Graphics）和实景拍摄图在丰富性和真实性上还有差距，导致通过 CG 训练的自动驾驶算法在实景上效果变差。针对这些问题，业内展开了如何借助虚拟现实和增强现实的技术将现实世界的路侧/车侧数据叠加到仿真场景内用自动驾驶系统测试的研究。国内几大高校的在读博士生研发的增强自动驾驶仿真系统（AADS）突破了现有仿真技术存在的许多障碍，提供了有效的解决方案。AADS 包含一套全新开发的基于数据驱动的交通流仿真框架和一套全新的基于图像渲染的场景图片合成框架，在获得真实感的车流移动和场景图像之后，系统地利用增强现实技术，可直接、全自动地创建逼真的仿真图像，能够消除现有仿真系统中游戏引擎渲染图片与真实图片之间的差距，如图 3-13 所示。

逼真的道路场景来自实际采集，即使用激光雷达（LiDAR）和相机扫描街景，然后根据获得的轨迹数据，为汽车、行人等生成交通流，并将其合成到背景中。同时，合成图像还可以基于不同视角和传感器模型（LiDAR 或相机）进行再合成，最后应用于自动驾驶测试。

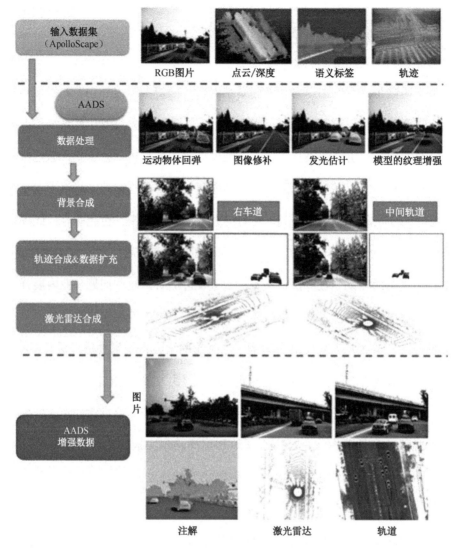

图3-13 AADS增强自动驾驶仿真系统

随着自动驾驶系统针对的自动驾驶等级的提高，实车测试所需场景也越来越复杂，这对参与测试的环境车辆及测试场地均提出了更高的要求。此外，为了提高针对自动驾驶系统的测试覆盖度，需要大量差异明显的测试场景，甚至包含极限场景，这提高了自动驾驶系统测试风险。需求驱动变革，随着5G技术的不断成熟与普及，虚拟现实技术也逐步应用到整车在环的虚拟场景注入自动驾驶测试方法中。2020年6月公示的一些技术发明描述了新方法的工作流程，具体介绍如下。

① 获取测试用例，生成所获取测试用例的虚拟场景。

② 实时测量车辆的实际车辆位置，将实际车辆位置转换为车辆在所述虚拟场景中的虚拟车辆位置。

③ 向车辆注入所述虚拟场景。

④ 获取车辆采用被测算法在测试场地行驶过程中基于虚拟车辆位置与所述虚拟场景互动所产生的车辆行驶信息及虚拟场景互动信息。

⑤ 根据所述车辆行驶信息及虚拟场景互动信息对所述被测算法进行测评。

其中，对虚拟场景的定义包括在虚拟地图中的虚拟障碍物，向所述车辆的道路信息获取传感器输入所述虚拟地图的虚拟道路信息和向所述车辆的障碍物信息获取传感器输入所述虚拟障碍物的虚拟障碍物信息，具体包含：基于所述虚拟车辆位置，将所述虚拟障碍物在虚拟场景中的坐标转换为车辆坐标系内的与车辆的相对位置；基于所述车辆的障碍物信息获取传感器的探测参数，根据虚拟障碍物在车辆坐标系内的相对位置，确定关于虚拟障碍物的传感器检测信息；将所述传感器检测信息作为所述虚拟障碍物的虚拟障碍物信息输入所述障碍物信息获取传感器。实车执行被测算法，基于所述虚拟道路信息和所述虚拟障碍物信息控制实车在测试场地进行行驶，获取行驶过程中的车辆行驶信息；基于虚拟车辆位置将所述车辆行驶信息转换为所述虚拟场景中的虚拟车辆行驶信息，确定所述虚拟障碍物的互动信息；将所述虚拟障碍物的互动信息作为虚拟场景互动信息，最终将实车位置映射为虚拟车辆位置。同时，借助增强现实技术，可以将虚拟场景信息结合真实测试道路场景通过显示器展示，显示器包括但不限于计算机显示器、虚拟现实眼镜、增强现实显示或车载抬头显示界面，可以由实验操作人员对自动驾驶系统的控制效果进行初步主观评判，

评判结果包括：当前操作是否合理，当前操作是否引起驾驶员恐慌等。在国外，密歇根大学 Mcity 测试机构也进行着类似的研究，Herry Liu 教授带领着他的团队，借鉴视频游戏技术和其他虚拟技术，创造了一个增强现实世界，实现测试机构内的真实车辆可通过网联汽车通信技术，实时与计算机创建车辆互动，从而提出了一种更快、更有效、更具经济效益的网联汽车和汽车自动驾驶测试方法。

3.6 小结

随着计算机技术、摄影测量与遥感技术、卫星技术和现代电子技术的迅猛发展，现代测量、信息获取和信息处理等技术及手段发生了革命性的变革和功能与性能上的极大提升，使得获取各种高精度三维视景数据、高分辨率数字几何高程数据及影像纹理数据等成为可能；伴随着计算机图形学、图像处理、计算机视觉、可视化等技术的进步，为三维视景的图形学表示、图像表示、结构信息表示、体视特征表示及视景三维建模等提供了新的解决方案。同时，由于计算机仿真、高性能计算处理、图形图像生成、信息合成和三维显示等技术的飞速发展，为建立非常逼真的三维仿真效果、重建逼真的大范围三维场景、构建基于可计算信息的视觉与听觉的实时互动和身临其境的三维交互环境提供了技术支持和条件。在自动驾驶仿真方面，依托传统计算机图形学基础，利用技术手段实现大规模仿真场景的自动与半自动生成，结合虚拟现实与增强现实理论，做到场景多样性与复杂性，对自动驾驶算法的评测能够起到积极的作用，并最终为实现自动驾驶车辆的安全行驶保驾护航。

参 考 文 献

[1] Mariusz Bojarski, Davide Del Testa, Daniel Dworakowski, Bernhard Firner, Beat Flepp, Prasoon Goyal, Lawrence D. Jackel, Mathew Monfort, Urs Muller, Jiajia Zhang, Xin Zhang, Jake Zhao, Karol Zieba, End to End Learning for Self-Driving Cars. August 17, 2016. URL: https://developer.nvidia.com/blog/deep-learning-self-driving-cars/.

[2] Andries van Dam, David F. Sklar, James D. Foley, John F. Hughes, Kurt Akeley, Morgan McGuire, Steven K. Feiner. Computer Graphics: Principles and Practice, 3rd Edition. Addison-Wesley Professional. 2013-07-20: 106-110.

[3] W. Li, C. W. Pan, R. Zhang, J. P. Ren, Y. X. Ma, J. Fang, F.L. Yan, Q.C.Geng, X.Y. Huang, H.J.Gong, W.W.Xu, G.P.Wang, D.Manocha and R.G.Yang, AADS: Augmented Autonomous Driving Simulation using Data-driven Algorithms. Science Robotics 27 Mar 2019:Vol. 4, Issue 28, eaaw0863.DOI: 10.1126/scirobotics.aaw0863.

[4] Henry Liu, PhD, Yiheng Feng, PhD. Real World Meets Virtual World: Augmented Reality Makes Driverless Vehicle Testing Faster, Safer, and Cheaper. November, 2018. URL: https://mcity.umich.edu/wp-content/uploads/2018/11/mcity-whitepaper-augmented-reality.pdf.

第 4 章

高精地图与定位传感器建模技术

侯 涛[1]

(北京五一视界数字孪生科技股份有限公司（51WORLD）[1])

4.1 引言

高精地图，通俗来讲就是精度更高、数据维度更多的电子地图。一方面，高精地图的绝对坐标精度更高，达到厘米级的绝对精度；另一方面，高精地图所含的道路交通信息元素及其属性更加丰富和细致，与普通导航电子地图相比，高精地图不仅有准确的坐标，还能准确地描绘道路形状、车道线、车道中心线和交通标志、车道限速、道路材质等。

有人认为高精地图有四大特点[1]。第一，高精地图是服务于机器的。高精地图不需要给人看，它是服务于人工智能、服务于机器视觉的。第二，高精地图可改变尺度。在不同的应用场景下，对于不同的车辆，高精地图的精度需求是可变的。第三，高精地图是动态和多维的。高精地图在服务于自动驾驶时，对数据的精度和内容的需求都是变化的，并且移动车辆周围的地物和环境是按照不同的时间单位变化的。第四，高精地图的很多内容信息具有非测量性。

有人认为应把高精地图定义为全语义三维地图。"高精地图既包含道路上的车道详细信息,也包含道路两边的附属设施。更重要的是,高精地图提供车道级别的动态信息。这种地图的优势在于既能支持视觉的定位技术,也能支持激光雷达和毫米波雷达定位的技术。"[2] 高精地图元素展示参见图 4-1。

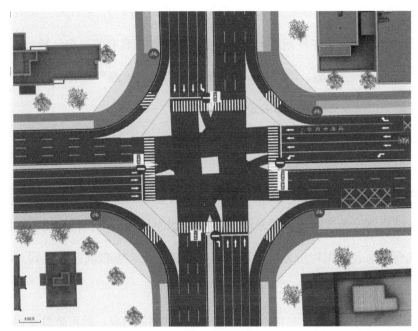

图 4-1　高精地图元素展示

通常说来,高精地图具备三大功能[3]。

4.1.1　功能 1:地图匹配

传统地图的匹配依赖于 GPS 定位,定位准确性取决于 GPS 的精度、信号强弱及定位传感器的误差。高精地图相对于传统地图有着更多维度的数据,如道路和车道的形状、坡度、曲率、横坡角等。通过高维数据结合对应的匹配算法,高精地图能够实现更高尺度的定位与匹配。

4.1.2 功能 2：辅助环境感知

通过对高精地图信息的提取，可以将车辆位置周边的道路、交通、基础设施等对象及其之间的关系提取出来，依此提高车辆对周围环境的判别能力。相比传统硬件传感器（雷达、激光雷达或摄像头），在检测静态物体方面，高精地图具有的优势包括：各方向都可以实现较广的范围；不受环境、障碍或干扰的影响；可以"检测"所有的静态物体；不占用过多的处理能力；保存待检测物体的逻辑关系。

4.1.3 功能 3：路径规划

高精地图的规划能力到达了车道级别。传统导航地图的路径规划功能往往基于最短路算法，并结合路况为驾驶员提供最快/短的道路级别路径。但高精地图在道路和车道属性信息、几何信息及标识物信息、障碍物信息等基础上，可精确完成点到点的车道级别路径规划。

在自动驾驶应用中，结合高精地图和用户定位传感器信息，就可推算出用户位于地图数据中的哪条道路的哪条车道上及其在车道上的准确位置。

定位传感器通常包括 GNSS（全球导航卫星系统）传感器、IMU（惯性测量单元）传感器和视觉传感器。GNSS 传感器使用卫星定位模块，通过接收太空中的卫星信号，多星交会，完成当前位置定位。IMU 传感器包括陀螺仪和加速度计。陀螺仪可测量物体三轴的角速率，用于计算载体姿态；加速度计可测量物体三轴的线加速度，用于计算载体速度和位置。IMU 传感器的优点是不要求通视，定位范围为全场景；缺点是定位精度不高，且误差随时间发散。视觉传感器是利用摄像头提供的视觉信息进行定位的，虽然会受到光照、天气影响，但是成本低、内容丰富，是目前辅助驾驶方案主要数据源，在地图定位方面也具有很大潜力。目前，实践中最常用的视觉定位算法为基于特征点的全局定位算法，利用已建的地图，匹配历史中最相似的地图子集（图像/点云/特征点），根据匹配到的地图子集所提供的历史位姿真值、特征点坐标真值，计算点对间的变换矩阵，求解当前位置和姿态。总体说来，没有哪种传感器方案是完美的，GNSS 传感器、IMU 传感器和视觉传感器是互补的定位技术。

4.2 高精地图概述与数据特征

高精地图将大量的行车辅助信息存储为结构化数据，这些信息包括道路数据，如车道线的位置、类型、宽度、坡度和曲率等车道信息；还包括道路周边对象信息，如交通标志、交通灯、障碍物、高架桥、防护栏、路牌等基础设施信息。

4.2.1 高精地图与传统电子地图的差异

高精地图虽然是从传统电子地图发展而来的，但也有如下不同之处。

1. 精度

传统电子地图的精度在米级别；高精地图的绝对精度在 20 厘米级别，相对精度在 10 厘米以下级别。

2. 数据维度

传统电子地图数据只记录道路级别的数据，如道路形状、坡度、曲率、方向等。高精地图则增加了车道级别数据，如车道线类型、车道宽度等，还包括车道限高、障碍物、高架桥、防护栏、路边地标等大量目标数据。

3. 使用对象

传统电子地图是面向驾驶员的，供驾驶员使用的地图数据；而高精地图是面向机器的，供汽车自动驾驶使用的地图数据。

4．数据实时性

高精地图对数据的实时性要求更高。传统电子地图可能只需要静态数据或路况信息，而高精地图为了应对各类突发状况，保证自动驾驶的安全实现，需要更多的动态数据，这大大提高了对数据实时性的要求。在实际应用过程中，一些信息每小时甚至每分钟都在变化，高精地图如果无法及时纳入这些信息，就会影响用户的使用体验。因此，高精地图应该如何进行更新、频率是多少、突发性的事故如何在地图上表现，都是需要解决的问题。

总体来说，传统电子地图起到的是辅助驾驶的导航功能，本质上与传统经验化的纸质地图是类似的；而高精地图通过提供高精度、高动态、多维度数据，为自动驾驶提供自变量和目标函数，发挥着更高的重要性。

4.2.2　高精地图数据存储

传统电子地图多依靠拓扑结构和传统数据库存储，将各类现实中的元素作为地图中的对象叠加于地图上，而将道路存储为路径。而高精地图，为了提升存储效率和机器的可读性，地图在存储时被划分为不同的矢量层和对象层。

4.2.3　高精地图数据格式

2009 年，大型汽车制造商及 Tier1 供应商建立了 NDS（Navigation Data Standard，导航数据标准），设计了通用导航地图数据模型与格式。2012 年，首批使用 NDS 的系统上市。NDS 将地图数据组织成独立的构架模块。NDS 第一版仅支持与导航相关的数据构建模块，目前已经支持与 ADAS（Advanced Driving Assistance System，高级驾驶辅助系统）相关的数据构建模块，并将其扩展为支持自动驾驶的内容。所有导航数据都属于一个特定的 building block（建筑区块），而一个 building block 能提供 NDS 的一个具体功能。典型的 building block 包括：① 路径规划（Routing）；② 命名；③ 全局预览（overview）；④ 基本地图显示；⑤ 兴趣点（POI）；⑥ 语音，等等。由于空间尺度的不同，数据在 building block 中可以划分为不同 level（级别），大尺度空间的数据放在 high level（高级别）中，而细节数据则放在 low level（低级别）中。

Autoware 所使用的高精地图，以前是 VMF（Vector Map Format，矢量数据格式），现在已经是 Lanelet2 格式。Lanelet2 格式基于 Liblanelet 已知格式改进，并设计为可在基于 XML 的 OSM（OpenStreetMap，开放街道地图）数据格式上表示。Lanelet2 地图层次划分为：物理层（physical layer，可观测到的真实元素）；关联层（relational layer，与物理层相关联的车道、区域及交通规则）；拓扑层（topological layer）。

国际通用的 OpenDrive 高精地图标准在现阶段应用甚广。一个 OpenDrive 节点通常包括一个 header（头部）节点、若干个 road（道路）节点与 junction（路口）节点。而道路中心线几何参考、车道宽度、交通标志和交通灯都从属于 road 节点下。junction 节点下，通过连接道路，将输入路口的两条不同道路连接起来，从而实现路口呈现。OpenDrive 高精地图标准具有轨迹坐标系统（Track System）和惯性坐标系统（Inertial System）。惯性坐标系统可以指定坐标参考系统，如 WGS-84 坐标系统，以提供三维坐标空间参考。轨迹坐标系统以道路参考线（Reference Line）为核心，表现道路和各种物体的位置和属性。OpenDrive 高精地图标准为高精地图提供了矢量式的存储方式，相比传统的堆叠式容量更省，在云同步方面也拥有优势。OpenDrive 高精地图标准中惯性坐标系统和轨迹坐标系统的关系参见图 4-2。

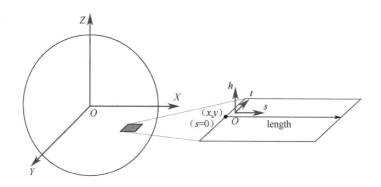

图 4-2 OpenDrive 高精地图标准中惯性坐标系统和轨迹坐标系统的关系

4.2.4 高精地图数据采集和制作

数据采集是高精地图的基础与核心，采集方式对高精地图的精度和地物丰富程度起决定性作用。目前，高精地图数据采集主要有两种实现方案：移动测绘车采集和无人机航测。主流图商均采用移动测绘车采集的方式进行数据采集，这种方式需要搭载激光雷达、GNSS 传感器、惯性测量单元传感器、全景相机等，具有作业效率高、道路信息采集全面的优势。也有一些图商采用无人机航测与地面控制点相结合的方式，基于获取的厘米级数字正射影像图可生产绝对精度达到分米级的高精地图，具有作业灵活、高效、不受路况限制的优势。图商可以在前期进行专业采集，后期可采用众包模式更新相关道路信息，两者的融合是目前可行的技术路线。

在主流的通过激光点云数据来建立高精地图的方法中，其数据精度主要通过组合导航数据解算精度、点云数据生成精度、数据采集精度等来保证。组合导航数据采用专业软件来处理，软件具有 GNSS 差分解算、POS 松组合解算、POS 紧组合解算、数据融合、数据平滑等功能，同时可以对数据精度的好坏进行预估。点云数据生成前，设备都已经过精确的标定，为后期高精度激光点云的生成提供保障。为了保证数据采集精度，专业系统具有快速的自动提取功能，系统的自动提取功能包括两个过程：一级模型提取和二级模型提取。

一级模型是在对点云进行构件提取、自动探面、探线、提取特征线并矢量化的结果,二级模型是在一级模型提取的特征面和特征线的基础上得到具有现实意义的实体,实现了分层分类和实体化,并且拥有几何属性,便于后期分析。从多次匹配点云到矢量提取和编辑参见图4-3。

图4-3 从多次匹配点云到矢量提取和编辑

4.3 定位传感器建模与仿真

GNSS传感器和IMU传感器定位中主要有如下几种噪声。

① 高斯白噪声:噪声功率谱密度均匀分布;幅值对时间的分布满足正态分布;分布在高频。

② 粉红噪声:功率谱密度与频率成反比($1/f$),分布在中低频。

③ 褐色噪声:功率谱密度与频率平方成反比($1/f^2$),分布在低频。

各种噪声在时域上长期作用,就形成了一种偏差。仿真时可以把GPS和IMU传感器的误差表示为偏差+噪声。

4.3.1 GNSS传感器建模与仿真

GNSS传感器误差:各种误差可以对应为GPS传感器的等效距离误差。

GNSS传感器卫星误差:卫星时钟误差,星历误差,相对论效应。

信号传播误差:电离层及对流层折射,多路径误差。

接收设备误差：接收时钟误差，天线相位误差[4]。

这些误差在时间上积累，短期表现出随机行走的特征；长期则表现出一定的周期性，其中，年周期性比较明显。

GNSS 传感器仿真初步可以使用如下公式：

$$y=y_0+rt+PeriodicTimeNoise(t)+gaussMarkovNose(t)+gaussianNoise(\ )$$

式中，y_0 为 GPS 传感器真值；rt 为随时间缓慢变化的线性偏差；PeriodicTimeNoise(t) 为以年为单位的周期性变化，初相值由用户误差输入控制；gaussMarkovNose(t) 为高斯马尔可夫过程噪声（模拟粉红噪声）；gaussianNoise( ) 为高频的高斯白噪声。

4.3.2 IMU 传感器建模与仿真

IMU 传感器误差主要包括加速度计的误差和陀螺仪的误差。

漂移误差包括静止时和启动时的漂移形成的偏差[5]。

设备的刻度因素及低端 IMU 传感器中的机械灵敏度，以及温度变化引起的误差、安装误差等。

IMU 传感器的累计噪声比较明显，特别是在 GPS 传感器信号丢失的情况下。我们初步可采用如下公式计算：

$$y=y_0+bias+LinearTimeNoise(t)+gaussMarkovNose(t)+randomWalkNoise(t)$$

式中，bias 为上述误差综合起来形成的一定偏差。IMU 传感器定期基于 GPS 传感器结果做修正，所以 bias 最低为 GPS 传感器定位的误差。LinearTimeNoise(t) 为 IMU 传感器随着时间而累积的误差，特别是当 GPS 传感器不工作且陀螺仪有角速度时，误差会变大。randomWalkNoise(t) 为随时间积累的随机行走噪声（褐色噪声）。

初步可假设各个维度误差线性无关，以此来简化模型。用户可控制参数为：水平位置误差（x, y），垂直位置误差（z），速度误差（v），角度误差（deg）。

4.3.3 视觉传感器建模与仿真

为视觉定位传感器建模与仿真，可基于特征的目标差异筛选方法[6]，对仿真场景中的目标进行识别；建立图像坐标与空间距离的映射关系，利用该映射关系建立计算目标之间的空间距离，进行车辆定位。清华大学车辆与运载学院杨殿阁教授团队提出一种基于商用高精地图及量产车型单目相机即可实现车辆 20cm+精度的定位方法[7]，利用该技术有望为高精度定位算法提供低成本的解决方案。该定位方法的原理为：从单目相机中提取定位特征，与轻量化的商用矢量高精地图进行匹配，通过光束平差进行六自由度相机位置、姿态的解算，得到相机在绝对地理坐标系下的定位结果。灯杆、车道线、建筑物边缘、交通指示牌等高精地图中包含的定位特征均可作为与相机进行匹配定位的特征。

4.4 高精地图与定位传感器建模在自动驾驶仿真测试中的应用与评价

高精地图在自动驾驶仿真测试中，既可作为建立三维虚拟场景的数据源，也可作为动态交通流仿真和自动驾驶决策规划算法的基础底图。

构建自动驾驶仿真测试平台所需的虚拟场景的技术手段通常包括：基于建模软件构建场景，基于已经完成的游戏搭建场景，基于增强现实方法构建场景，基于高精地图生成场景等方式。

4.4.1 基于建模软件构建场景

基于建模软件构建场景是指根据需求，利用 3D 建模软件构建仿真模型，或者使用模型库中的现成模型，对准备齐全的仿真模型进行整合，从而构建出预期的仿真场景。

4.4.2　基于已经完成的游戏搭建场景

基于已经完成的游戏搭建场景是指，依赖已经完成的游戏场景特征，如GTA（游侠《侠盗飞车》）场景的复杂度、渲染真实度和高随机性，使用这个大型开放世界场景，来测试自动驾驶系统。

4.4.3　基于增强现实方法构建场景

基于增强现实方法构建场景是指[7]，通过模拟交通流来增强现实世界图像，进而创建逼真的仿真图像和渲染。更具体地说是，使用激光雷达和相机扫描街景。根据获得的轨迹数据，为汽车和行人生成了看似合理的交通流，并将其合成到背景中。合成图像也可以基于不同视角和传感器模型（相机或激光雷达）进行再合成。生成的逼真图像添加完整注释，可用于从感知到规划的自动驾驶系统训练和测试。

4.4.4　基于高精地图生成场景

基于高精地图生成场景是指[8]，对来自斜扫点云、全景图、测绘矢量、卫星影像等多种真实非结构化测绘数据进行融合和结构化处理，并调用虚拟资源进行虚拟场景生成，让机器深度理解道路、交通等环境，如图4-4所示。具体实现过程是：① 收集。收集点云、全景图、测绘矢量、卫星影像等真实非结构化测绘数据。② 数据结构化。对真实非结构化测绘数据进行结构化，构建高精地图。③ 场景生成。以结构化数据为基础，根据不同语义，调用不同虚拟资源进行场景生成。比较于基于传统建模软件构建场景方式，这是一种降低成本、节约时间的技术手段。

基于高精地图自动化生成三维仿真场景参见图4-4。

高精地图与定位传感器建模技术 第4章

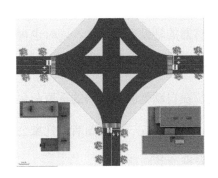

图 4-4　基于高精地图自动化生成三维仿真场景

定位传感器在自动驾驶仿真测试中，往往提供主车的经纬度位置、速度和航向等，也能提供在模拟 GNSS 信号丢失时主车的位置及速度和航向的累计误差，这对于高架桥和高层楼房遮挡或隧道等场景中尤为重要。

4.5　小结

高精地图是稳定的"传感器"，能够弥补硬件传感器检测范围受限和先验信息缺失的缺陷，并能够在一定程度上弥补传感器的感知缺陷，在标识静态对象的同时解放传感器去专注于动态对象。对于高精度定位来说，一种定位技术可能不能保证连续高质量的输出，但基于 GNSS 传感器、IMU 传感器和视觉传感器的组合能保证全天时、全天候完全高精度的定位，满足保障安全的要求。

对于高精地图和定位发展前景，清华大学智能网联汽车与交通研究中心江昆博士表示："预测自动驾驶的路线会偏向于强地图模式，在这种模式下，地图在自动驾驶过程中的角色将发生转变。"[9] 其中，强地图是指，地图将不仅是一个提供静态路线的信息，还将作为超级感知容器。强地图作为信息融合的平台，一方面可以提供大家比较熟悉的高精度静态信息，提供相应的静态信息；另一方面静态信息可以作为容器，将动态的传感器信息输入进去，进行整体融合。在这个基础上，地图可以作为传感器的辅助感知技术，同时也可以作为平台对接车道级规划的需求，最终实现感知和决策的增强。

随着技术的发展，人们越发认识到高精地图与定位在自动驾驶中扮演的重要角色。而行业中普遍达成的共识是：自动驾驶地图服务与定位，并不是仅一家地图商或几家公司就能完成的大命题，需要行业内的各个公司抱团，一起来推动其向前发展。

参 考 文 献

[1] 朱敦尧. 高精地图是手段[EB/OL].http://finance.jrj.com.cn/tech/2016/09/23160921517949.shtml.2016 年 9 月.

[2] 于立志. 如何定义自动驾驶地图[EB/OL].https://www.sohu.com/a/256682752_712499.2018 年 9 月.

[3] 清研车联. 自动驾驶之高精度地图[EB/OL]. http://www.auto-mooc.com/mooc/detail?mooc_id=A13E11AF4640510796D66D40A3565B78.2020 年 2 月

[4] 沈超，裘正定. 基于 MATLAB/Simulink 的 GPS 系统仿真[J]. 系统仿真学报，2006，18(7): 1857-1860.

[5] 赵栓峰. 车载惯性测量单元的建模与仿真[J]. 设计与研究，2009，12(9):32-34

[6] 王楠，童宝锋，张君媛. 基于单目摄像机的车辆跟踪定位方法仿真研究[C]. 中国汽车工程学会第十六届汽车安全技术学术会议，2013.

[7] Xiao Z, Yang D, Wen T, et al. Monocular Localization with Vector HD Map (MLVHM): A Low-Cost Method for Commercial IVs[J]. Sensors, 2020, 20(7):1870.

[8] Li W, Pan C W, Zhang R, et al. AADS: Augmented Autonomous Driving Simulation using Data-driven Algorithms[J]. Science Robotics, 2019, 4(28).

[9] 江昆. 预计未来自动驾驶的路线会偏向于强地图模式[EB/OL]. https://auto.gasgoo.com/News/2019/08/150418161816I70121888C601.shtml. 2019 年 8 月

第 5 章

车辆动力学与驾驶模型仿真技术

吴 年[1]

(北京五一视界数字孪生科技股份有限公司（51WORLD）[1])

5.1 引言

自动驾驶仿真软件的被测系统是用户的自动驾驶或 ADAS 控制算法。用户控制算法根据仿真软件模拟的测试案例，通过规划、控制等模块，最终输出车辆控制信号。仿真端的车辆动力学仿真模块接收到自动驾驶系统控制模块给出的控制信号，主要包括节气门开度、制动、转向、档位等，产生更新后的车辆运动状态（速度、加速度等）及与动力学相关的状态参数（如车身侧倾角），输出给自动驾驶的各个模块。在自动驾驶仿真系统中，车辆动力学仿真是实现仿真系统不可或缺的部分。

L2/L3 级别车辆的辅助驾驶功能一般由一系列的 ADAS 控制算法实现。这些 ADAS 功能模块在开发阶段是独立开发和测试的。一个 ADAS 功能模块一般只做纵向控制或侧向控制，所以测试时需要先模拟驾驶员的控制输入，然后传递给 ADAS 功能模块产生最终的车辆控制信号。

5.2 车辆动力学建模与仿真

车辆动力学用于描述汽车的运动,是基于经典力学的一种工程应用。它研究在给定驾驶输入下,车辆在道路上的运动状态及车辆状态参数对驾驶输入的响应。

由于计算机软件的快速发展,计算机模拟成为一种高效可靠的工具。车辆动力学模拟也成为一种被广泛接受的方法,用以帮助改进车辆的设计。通过描述车辆的动力学特性,车辆动力学仿真软件可以预测车辆性能,解释现有设计中存在的问题,并找出解决方案,由此产生一个最佳的设计方案。车辆动力学仿真研究的内容与评价指标包括:动力性、燃油经济性、制动性、操纵稳定性、平顺性、通过性、主动安全和被动安全等[1,2]。通过仿真,可以对车辆的各个模块进行测试,也可以方便地建立特殊场景,完成真实世界中难以复制的测试。

在仿真中,车辆动力学的建模方法可以分为基于多体动力学的建模和基于参数的建模。基于多体动力学的建模中,根据车辆各个元件的位置和相互之间的运动关系把模型建立起来,通过拉格朗日方程、牛顿-欧拉方程等方法进行动力学解算[3],这种动力学建模方法考虑了车辆各部件之间的位置关系、运动关系、接触条件和约束条件等,有很高的仿真精度,但运算复杂度很高,仿真速度相对较慢,这类仿真软件包括 Adams、Simpack、RecurDyn[4]等。对于结构复杂、不能很直接地得出其特性的机械结构,这类软件能进行精确的分析。把柔性体的有限元模型导入这些多体动力学软件进行刚柔耦合分析,将获得更精确的计算结果。例如,对于车辆的悬架系统,需要确定装配硬点坐标位置、杆件的质量与几何形状、衬套的刚度、衬套的阻尼等,然后得到悬架的运动学和动力学特性曲线,模拟出试验结果。如图 5-1 所示为在 Adams/Car 中搭建的双横臂前悬架模型,可以仿真前束角、主销后倾角等参数和轮跳、车轮受力的关系[5]。

图 5-1　Adams/Car 中的双横臂前悬架模型

另一种建模方法基于车辆的参数特性，不考虑各部件的几何布置及相互之间的约束形式，把部件的特性和部件之间的运动关系用参数的形式表示出来。例如，悬架建模中不考虑各个杆件的硬点布置和橡胶衬套的特性，而是把轮距、前束角等动力学参数和轮跳、悬架受力的关系用参数表示出来，这类软件中所需的动力学特性参数往往可以从多体动力学软件中得到。基于参数特性来建模的仿真软件有 CarSim、CarMaker、VI-grade、veDYNA 及 PanoSim 等，它们建立的模型使用总成的特性。例如，悬架的 K&C 特性，基于递推动力学求解，并且很多特性都基于二维或三维查找表进行，计算速度快，需要的参数少，能够表征低频的车辆运动，多用于水平路面的仿真。

另外，还需要提到 Matlab/Simulink，用户可以从零开始搭建自己的车辆动力学模型。Matlab 自身也提供一个 system-level 的车辆组件库 Simscape Driveline，提供了轮胎、变速箱到发动机的模型，可用于搭建动力学模型，并进行模拟，并能自动生成代码，进行实时仿真。如图 5-2 所示为用 Simscape Driveline 搭建的车辆传动系统模型。

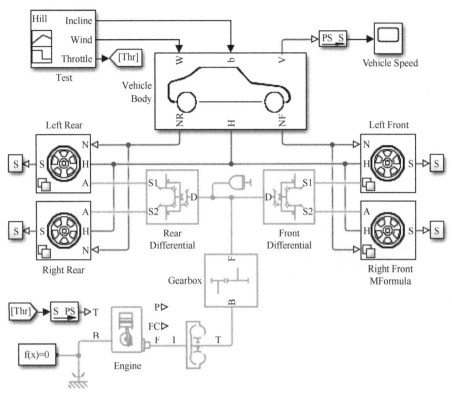

图 5-2 Simscape Driveline 搭建的车传动系统模型

传统的汽车研发中用到的车辆动力学对仿真精度有很高的要求，往往对计算的复杂度和实时性没有特殊要求，而自动驾驶仿真系统不同。在对自动驾驶算法进行大规模验证中，不仅要求动力学仿真有较高的精度，而且要求其有较高的计算速度。硬件在环（HiL）测试和加速仿真也对动力学仿真的实时性和速度提出了更高的要求[6]。动力学仿真最简单、直接的方法是采用线性二自由度模型，忽略悬架、轮胎非线性等因素，虽然保证了运算速度，但精度很差。基于多体动力学的方法虽然精度较高，但运算速度慢，增加了时间成本，而且自动驾驶仿真中不关注各个部件之间是通过哪种约束连接的，因此这种方法在自动驾驶仿真中应用较少。基于特性参数的动力学建模方法计算速度快，而且仿真精度高，在自动驾驶仿真系统中有广泛的应用。自动驾驶仿真平台 51Sim-One 也采用基于参数特性的动力学模型,有较高的仿真精度和很快的运算速度,如图 5-3 所示为 51Sim-One 中动力学参数配置的界面。

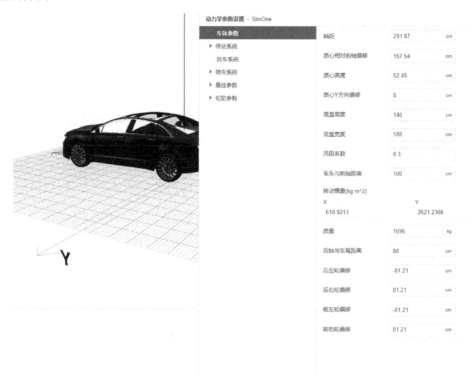

图 5-3　51Sim-One 中动力学参数配置的界面

5.3　车辆驾驶员模型与控制系统建模

驾驶员模型是对汽车驾驶员操纵车辆行为的建模,可以抽象为一个典型的复杂控制系统,根据涵盖范围的大小可以分为狭义和广义的。狭义的驾驶员模型仅对驾驶员对于车辆的控制进行建模;广义的驾驶员模型是指汽车驾驶员对于周边信息的感知、融合、预测、决策及最终通过神经和肌肉对车辆施加包括转向、驱动、制动在内的操控行为的描述[7]。

在自动驾驶仿真系统中，案例场景的构建是重中之重。在测试案例中，驾驶员模型起到的是模拟人类驾驶员行为的功能，驱动案例中的车辆。由于长期作业引起的身心疲劳等因素归于驾驶员个体范畴，一般不属于算法关注的对象，因此本书中介绍驾驶员模型时取其狭义。

对于智能驾驶车辆中的驾驶员，多年来研究人员提出了多种建模方式，根据其控制目的的不同，主要分为方向（横向）控制模型、速度（纵向）控制模型和方向速度综合控制模型[8]。

① 方向控制模型大致可以分为以下几类：根据车辆状态和道路状况，应用控制理论对车辆方向进行补偿校正的补偿跟踪模型，如 Stanley 算法；将补偿跟踪模型中的误差计算改进为预瞄点与预期位置误差的预瞄跟踪模型，如 Pure Pursuit 算法；以模糊控制理论及神经网络为基础的智能控制模型[9]。

② 速度控制模型中，控制理论中的比例-积分-微分（PID）策略最为常见，即以期望值与实际值（如速度、加速度等）为输入，根据二者差异的比例、积分、微分综合计算得到控制信号。常用的各类速度控制算法均脱胎于此。

③ 单独的方向控制或速度控制均不能全面、准确地描述驾驶员对于车辆的操控行为，无法达到自动驾驶系统自主驾驶车辆的要求，因此，方向速度综合控制模型应运而生。方向速度综合控制模型综合考虑了车辆横向和纵向的控制，这种控制方式除了将方向控制和速度控制简单拼凑在一起之外，还可以应用广义预测理论、系统模糊决策理论等综合横纵向进行决策，以确定最优的行驶轨迹。

仿真软件提供驾驶员模型模拟人类驾驶员的控制行为，以实现车辆驾驶模拟。根据案例定义的车辆初始位置和行进轨迹，按照指定的速度、加速度和转向角，驾驶员模型输出车辆控制信号给动力学仿真模块，包括节气门开度、制动、转向、档位、离合器等。在模拟的过程中，需要考虑真实情况对驾驶员模型的限制，如车辆最大加速度、道路曲率对车辆通过速度的影响等。

SimOneDriver 是 51Sim-One 自动驾驶仿真平台中内置的驾驶员模型，可以根据用户设置的驾驶规划来操控主车，如图 5-4 所示，可以配合 ADAS 算法（API 调用或 Simulink 模块）对车辆进行联合控制，从而达到对其测试的目的，或者将主车开至所需工况后交由自动驾驶系统接管。

图 5-4　SimOneDriver 图形界面

5.4　小结

驾驶员模型模拟人类驾驶员在案例运行过程中使车辆达到特定的状态（位置、速度等），使得仿真软件能够测试控制算法在特定情境下的功能，并且测试车辆的状态在驾驶员模型和测试算法之间的转换是否是无缝衔接的。控制算法产生的车辆控制信号输出给车辆动力学仿真模块，然后更新车辆状态，形成了仿真测试的闭环。

参 考 文 献

[1] 郭孔辉. 汽车操纵动力学[M]. 长春：吉林科学技术出版社，1991.

[2] 曼弗雷德·米奇克. 汽车动力学[M]. 北京：清华大学出版社，1992.

[3] 崔胜民，余群. 多刚体系统动力学在汽车操纵动力学建模中的应用[J]. 汽车工程，1995，017(002):95-100.

[4] 刘义，徐恺. RecurDyn 多体动力学仿真基础应用与提高[M]. 北京：电子工业出版社，2013.

[5] 冯金芝，喻凡，李君. 基于虚拟样机技术的铰接式车辆动力学建模[J]. 上海理工大学学报，2004(04):84-89.

[6] 齐鲲鹏，隆武强，陈雷. 硬件在环仿真在汽车控制系统开发中的应用及关键技术[J]. 内燃机，2006(05):24-27.

[7] 刘晋霞. 汽车驾驶员模型的研究现状及发展趋势[J]. 汽车科技，2010(05):19-24.

[8] 陈涛，李晓旭，孙林等. 智能车辆设计中驾驶员模型回顾与展望[J]. 汽车技术，2014(6):1-6.

[9] 郭孔辉，潘峰，马凤军. 预瞄优化神经网络驾驶员模型[J]. 机械工程学报，2003，39(001):26-28.

第6章

环境感知传感器仿真模型搭建技术

龚建伟[1] 张安春[2] 吴贤斌[2]

（北京理工大学 机械与车辆学院[1]

北京五一视界数字孪生科技股份有限公司（51WORLD）[2]）

6.1 引言

传感器仿真可以对感知系统的识别和融合进行开环测试评价，评价不同的感知硬件配置组合的理想化识别、带噪声的目标级识别、带环境影响的目标级识别和物理级仿真的识别等；也可以对包含感知、决策、控制的完整自动驾驶系统进行整体的闭环测试和评价，可以进行白盒和黑盒 SiL 和 HiL 的测试和评价。

51Sim-One 传感器模型[1]包括丰富的预置传感器模型，并且支持自定义参数化扩展，具体包括摄像头、激光雷达、毫米波雷达、V2X、超声波雷达、GNSS/IMU 及可直接提供真值的理想传感器。

① 摄像头模型支持摄像头外参、内参、物理参数、相机缺陷参数的仿真。

② 激光雷达模型模拟真实激光的发射，并根据不同材质反射强度模型输出带噪声的点云。

③ 毫米波雷达模型基于毫米波雷达原理模拟电磁波的传播，并对回波做数字信号处理。

④ V2X 可以与其他路测传感器结合，仿真并下发路测传感器的目标识别结果数据，并根据周边动态环境仿真 V2X 信号传输效率和丢包率。

⑤ 超声波雷达基于标定的雷达传播数学模型返回探测到的障碍物距离。

⑥ GNSS / IMU 支持 GNSS 信号丢失时主车的位置、速度和航向的累积误差，以及主车自身相关的 GNSS/IMU 信息。

⑦ 理想传感器返回在距离主车一定范围内探测到的带遮挡剔除的障碍物真值信息。

在分布式运行环境下，51Sim-One 支持对多种传感器原始数据和目标结果数据的同步采集，为多传感器融合提供训练和测试数据集。

6.2 视觉传感器建模与标定

视觉传感器仿真的思路为：基于环境物体的几何空间信息构建对象的三维模型，并根据物体的真实材质与纹理，通过计算机图形学对三维模型添加颜色与光学属性等。视觉传感器仿真一般会使用基于物理的渲染引擎来实现。视觉传感器一般包括单目、双目和鱼眼摄像头的仿真。

摄像头仿真则通过坐标系转换的方法，将三维空间中的点通过透视关系变换为图像上的点。还需要对相机镜头的结构与光学特性、相机传感器数据采集和处理过程、相机图像信号处理过程，以及部分集成 AI 芯片的相机目标级识别结果进行仿真。视觉传感器仿真流程如图 6-1 所示。

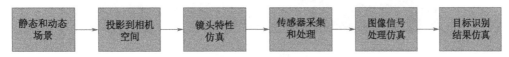

图 6-1　视觉传感器仿真流程

摄像头仿真的基本参数包括摄像头的外参、内参和畸变参数，具体包括安装位置、角度、工作频率、分辨率、视场角、焦距和桶形、枕形畸变参数等。这些参数会内部转换为投影矩阵，保证世界坐标系-相机坐标系-图像坐标系-像素坐标系整个过程的正确转换，并输出与真实相机效果一致的图像。

摄像头仿真效果如图 6-2、图 6-3 所示。

图 6-2　摄像头仿真效果示例 1

图 6-3　摄像头仿真效果示例 2

摄像头仿真的具体要求如下。

① 支持设置摄像头安装位置、角度外参仿真。

② 支持频率、分辨率、视野范围、焦距、焦距 F_x、焦距 F_y 等内参仿真。

③ 支持白平衡、色彩还原、动态范围、信噪比、清晰度、伽马等物理参数仿真。

④ 支持摄像头缺陷参数仿真,包括炫光、泛光、晕影、色相差、畸变、噪点等。

摄像头仿真基于仿真系统高质量多样化的仿真场景。摄像头仿真需要模拟各种复杂的真实天气情况。天气调节一般需要支持时间、光照、太阳高度角、云、雨、雪、雾等各种自定义设置,从而可以支持各种天气和光线条件下的摄像头仿真。

如图 6-4 所示为 51Sim-One 中顺光、雨后天晴光照、逆光炫光、夜晚光照仿真结果。

图 6-4　光照仿真效果示例

如图 6-5 所示为多云、雨、雪、雾四种天气的仿真结果。

图 6-5 天气仿真效果示例

摄像头仿真每一帧的原始数据包括 RGB 图、场景深度图、2D/3D 包围盒、语义分割图、实例分割图和光流等仿真数据,支持对摄像头识别算法作 SiL 和 HiL 测试和评价。传感器仿真结构化真值数据输出包括主车的位置、朝向、速度、加速度和角速度,以及所有目标障碍物的相对位置、朝向、大小、相对速度及 2D 包围盒等信息。如图 6-6 所示为 2D 包围盒、语义分割、实例分割、光流等仿真结果示例,可用于相关深度学习算法的训练和测试。

视觉传感器仿真结果的真实度验证方法如下。

① 进行摄像头检测和标定,可以针对检测得到的具体参数指导仿真摄像头建模。可标定的参数包括畸变、色彩还原、动态范围、信噪比和清晰度等。

② 基于图像特性对真实数据集和虚拟数据集的相似度进行对比验证。

图 6-6　摄像头仿真真值输出示例

③ 对摄像头仿真数据集做深度学习验证。建立 1∶1 完美还原的数字孪生场景，通过深度学习的方法（目标检测和语义分割）来衡量仿真场景的真实性，使用平均交并比（mIoU）和像素精确度（Pixel Accuracy）对每个类别的真实度进行评分。通过对比每个类别真实和虚拟的得分差异，评价仿真场景的真实性。包括两种深度学习验证方式：使用仿真场景的图像数据集训练深度学习模型，检测真实图像；使用真实场景的图像数据集训练深度学习模型，检测仿真图像。

④ 针对部分集成 AI 芯片的相机，我们可以使用深度学习目标识别和跟踪算法来验证目标级仿真结果数据的真实性。

6.3 光学雷达建模与标定

激光雷达仿真的思路是根据真实激光雷达的扫描方式,模拟每条真实雷达射线的发射,与场景中所有物体求交。根据相交点的物理材质类型和属性计算出该点的激光反射强度和噪声。以某 64 线、水平分辨率为 0.2、最大探测距离为 120 米的机械旋转式激光雷达为例,该雷达每帧会发射出 115 200 条射线,与场景中所有物体求交,对于 10 Hz 的雷达来说,每秒需要发射 1 152 000 条射线,如果求得的交点位于最大探测距离内,则为有效点。对于有效点,同时提取出该点的位置和材质类型,并计算该点与雷达的距离及此时雷达射线的入射角,然后使用当前材质的激光雷达强度和噪声模型,计算出带噪声的点云信息,以及对应的强度值。鉴于每秒需要扫描的雷达射线次数过多(100 万+),且求交算法计算复杂度高,一般仿真时会利用 GPU 并行计算的方式来提高扫描效率,以达到实时仿真的效果,仿真结果点云实时输出给感知系统。使用基于 GPU 加速的激光雷达仿真方法和 RTX 显卡实时光线追踪技术,可以仿真出无限接近于真实世界的激光雷达点云。

激光雷达反射强度跟不同物理材质对激光雷达所使用的近红外光线反射率有关。反射强度受到障碍物距离、激光反射角度及障碍物本身的物理材质影响,因此仿真时需要给场景资源设置合适的物理材质,包括各种道路、人行道、车道线、交通牌、交通灯、汽车和行人等。每种物理材质的激光反射率都不相同。激光雷达反射强度模型可以从真实雷达扫描数据中提取,用来驱动仿真模型。

激光雷达仿真一般需要支持以下参数配置。

① 安装位置和角度,包括 X、Y、Z、Roll、Pitch、Yaw。

② 工作频率,一般为 5Hz~20Hz。

③ 最大探测距离,如 200 km。

④ 线数和水平分辨率。当修改线数或水平分辨率后,扫描总点数会相应增加。

⑤ 垂直视场角设置,比如-25°~15°,支持每条线垂直角度的单独设置。

⑥ 水平视场角,当为 360°时,为机械扫描激光雷达;当小于 180°时,为固态激光雷达。

⑦ 噪声设置,支持设置点云和反射强度噪声。

⑧ 支持 905 nm 激光雷达在不同光照和不同天气(雨、雪、雾)影响下的激光雷达模型。

如图 6-7 所示为某垂直线数中间密、两边疏的激光雷达在小雨、中雨和大雨时的仿真效果。

图 6-7　激光雷达仿真雨量影响示例

激光雷达的仿真结果点云一般位于激光雷达本地坐标系下。转换到世界坐标系的方法为:首先根据激光雷达安装位置和角度转换到主车坐标系,然后根据主车仿真 GNSS 信息转换到世界坐标系。激光雷达仿真数据提供带强度和噪声的点云原始数据,语义分割点云和目标物的 3D 包围盒。其中,目标物真值数据包括目标物的 ID、相对距离、相对速度、大小、方位角、垂直角度、激光入射角、激光能量损失等信息。

如图 6-8、图 6-9 所示为 51Sim-One 中的激光雷达仿真效果展示(包括用于对比的摄像头仿真数据)。

图 6-8　激光雷达仿真效果

图 6-9　激光雷达仿真结果对应的摄像头视角

进行激光雷达的检测和标定,可以使用标定的具体参数指导仿真激光雷达建模。具体包括如下标定方法。

① 对激光雷达基础参数的标定,包括帧率、水平分辨率、垂直每一条线的角度等。

② 对每一种物理材质在当前激光雷达下的反射强度和噪声的标定。

③ 对强光、雨、雪、雾等不同天气下雷达特性进行标定。

④ 支持激光雷达仿真数据集的深度学习验证（目标检测和语义分割）。

建立1∶1完美还原的数字孪生场景，通过以下两种方式对比验证仿真激光雷达点云的真实性：使用仿真场景的点云数据集训练深度学习模型，检测真实点云；使用真实场景的点云数据集训练深度学习模型，检测仿真点云。

6.4 毫米波雷达建模与标定

毫米波雷达仿真会根据配置的视场角和分辨率信息，向不同方向发射一系列虚拟连续调频毫米波，并接收目标的反射信号。不同车辆的雷达回波强度可使用微表面模型能量辐射计算方式，通过车辆三维模型及车辆朝向、材质等计算。同一个障碍物会被多个调频连续波探测到。对于毫米波雷达目标级仿真，则可以根据障碍物的径向距离、距离分辨率和角度分辨率等信息对同一个障碍物的点进行聚类，并返回最终仿真结果。

毫米波雷达仿真原理为：同时构建和孪生道路环境，模拟电磁波在孪生道路环境的传播，最终道路及周边环境会把雷达发射出来的电磁波反射回雷达信号处理模块，雷达数字信号处理模块根据回波信号，进行频域和时域的分析，最终识别出目标障碍物。毫米波雷达仿真过程如图6-10所示。

电磁波射线追踪原理为：通过几何光学方法，模拟电磁波的传播过程，包括电磁波的镜面反射、散射和绕射，其中每条射线都包含能量、频率和相位信息，从而得出雷达的回波信号，具体效果如图6-11所示。

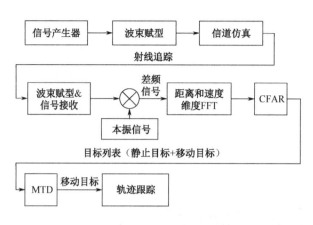

图 6-10 毫米波雷达仿真过程

图 6-11 毫米波雷达电磁波射线追踪仿真效果

数字信号处理模块原理为：数字信号处理模块和真实雷达数字信号处理模块一样，对差频信号进行频域分析，通过距离和速度两维 FFT 后，进行 CFAR，最终选择目标障碍物，对目标障碍物进一步做 MTD 分析，最终确认移动障碍物轨迹。环境对雷达探测信号的影响会反映到输出结果中，包括各类减速带、窨井盖、龙门架、隧道等对毫米波雷达信号的干扰，而造成目标识别结果的噪声、漏报和误报等。具体效果如图 6-12 所示。

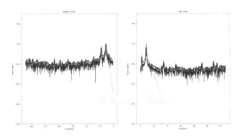

图 6-12　毫米波雷达数字信号处理仿真效果

毫米波雷达仿真支持更改毫米波雷达安装位置、角度、探测距离、探测角度、角度、距离分辨率和噪声参数等,并且支持长距和中距波束探测功能。返回结果包括识别目标物的相对距离、相对速度、角度和 RCS(Rich Communication Suite,融合通信)等。

毫米波雷达仿真真实度的验证方法如下。

① 材质反射标定和验证。在暗室中测试不同材质对电磁波的反射性能,对比不同材质对电磁波反射仿真和测试性能的差异,保证电磁波的传播模拟准确。

② 回波频谱验证。在开阔场地和典型城区测试一辆目标车辆经过真实雷达照射后的反射回波能量频谱分布;同时我们真实构建虚拟化测试场景,用虚拟雷达照射后,观察目标车辆的反射回波能量频谱分布,最终保证反射回波能量频谱分布模拟和真实一致。

③ 数字信号处理目标验证。构建多个典型场景,对比真实测试和虚拟仿真结果,判断其检测出来的目标是否一致,目标还包括漏检、误检、分辨率。

6.5　多传感器信息融合模型

自动驾驶车上一般会在不同位置和角度安装多个不同配置的传感器,包括多个摄像头、激光雷达和毫米波雷达等。但真实数据采集和标注比较复杂,跨越多个传感器的标注就更加复杂了。使用仿真数据集来辅助训练和测试感知算法是业内当前研究的一个方向。多传感器信息融合的仿真一般采用实时多传感器分布式的思路。主服务器负责总控和协调所有传感器节点，传感器节点按照各自的帧率运行并产生图像、点云和毫米波雷达数据。所有生成的数据再实时地发往感知系统，或者直接记录存储到磁盘中。

在51Sim-One的主车配置中，可以按照真实自动驾驶车辆的配置安装多个传感器。如图6-13、图6-14所示，在车顶安装了一个360°机械扫描激光雷达和4个方向的视场角为80°的摄像头。从仿真结果可以看到激光雷达和4个摄像头的实时可视化效果。

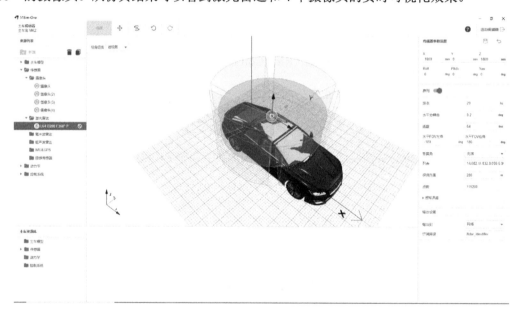

图6-13　多传感器融合的传感器配置

由于多传感器同步仿真对机器资源（CPU、内存、GPU、显存等）消耗较高，一般需要使用高配置的仿真服务器来支持。特别是部分物理级传感器的仿真对显卡要求较高（摄像头、激光雷达和毫米波雷达），仿真服务器需要安装多块显卡，通过指定每一个传感器运行的显卡，以支持更多物理级传感器的并发。

环境感知传感器仿真模型搭建技术 第6章

图 6-14 多传感器融合的仿真效果

6.6 车路协同感知与通信建模

车路协同 V2X（车用无线通信技术）交通仿真，需要支持静态场景和动态场景的构建。静态场景包括道路和道路周边环境的构建。构建静态场景完成后，再构建车辆及车辆上的传感器仿真（包括摄像头、激光雷达、毫米波雷达、OBU（车载单元）、超声波等）、路侧设施仿真（包括摄像头、激光雷达、毫米波雷达、RSU（路侧单元）等），以及车辆自动驾驶决策仿真等。如图 6-15 所示为 51Sim-One 中的 V2I 前方车辆拥堵提醒的仿真场景示例。

51Sim-One 中具体车路协同 V2X 仿真内容如下。

支持 T/CSAE 53-2017[2]规定的典型交通场景，需要支持典型场景下的 V2V 及 V2I 之间的数据交互，以及相关场景的决策判断。V2X 典型交通场景如表 6-1 所示。

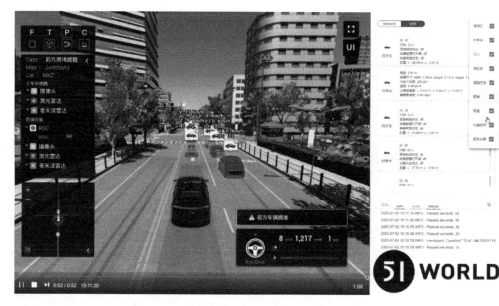

图6-15 V2I前方车辆拥堵提醒仿真效果

表6-1 V2X典型交通场景

序号	类别	通信方式	运用名称
1	安全	V2V	前向碰撞预警
2		V2V/ V2I	交叉路口碰撞预警
3		V2V/ V2I	左转辅助
4		V2V	盲区预警/变道辅助
5		V2V	逆向超车预警
6		V2V-Event	紧急制动预警
7		V2V-Event	异常车辆提醒
8		V2V-Event	车辆失控预警
9		V2I	道路危险状况提示
10		V2I	限速预警
11		V2I	闯红灯预警
12		V2P/V2I	弱势交通参与者碰撞预警
13	效率	V2I	绿波车速引导
14		V2I	车内标牌
15		V2I	前方拥堵提醒
16		V2V	紧急车辆提醒
17	信息服务	V2I	汽车近场支付

支持 V2X 通信功能的模拟，须考虑不同交通环境对无线信号传输效率和丢包率的影响（如交通密度、障碍物遮挡等）。

电磁波传播的信道模拟：通过弹跳射线法，来模拟电磁波在真实环境中的传播，不仅需要考虑直射，还需要考虑镜面反射、绕射等，从而得到发射侧信号传播到接收侧的信号能量和干扰，根据信号能量和干扰计算 OBU 和 RSU 的覆盖范围。

无线通信模块的模拟：通过搭建通信 C-V2X 协议栈[3]，模拟真实 OBU 和 RSU 之间的数据包传输，根据无线传播的信号能量衰减及干扰，来判断每个数据包的译码正确与否，当译码错误后，需要根据无线传播协议进行重传，从而达到模拟真实环境的丢包和重传率，最终模拟出丢包率和传输时延。

6.7 小结

除了以上主要传感器，还包括如下传感器。

超声波雷达基于 UPA 和 APA 数学模型返回探测到的障碍物距离。超声波雷达被广泛运用于自动泊车中，51Sim-One 中的超声波雷达仿真支持同时仿真任意多个超声波雷达，支持更改超声波雷达的安装位置、角度，并且实时返回障碍物的距离。

GNSS 仿真支持更改 GNSS 位置及 GNSS 噪声模型参数，可以返回主车的经纬度、速度、航向等，支持模拟经过测试隧道时的信号丢失状况。

IMU 仿真支持实时输出 IMU 相对主车的加速度和角速度信息。IMU 仿真需要支持的加速度计和陀螺仪误差包括：漂移误差，包括静止时和启动时的漂移形成的偏差；设备的刻度因素及低端 IMU 中的机械、灵敏度，以及温度变化引起的误差、安装误差等。这些误差在经过测试隧道时，由于 GPS 信号的丢失，累积误差将会越来越明显。仿真实现则可以通过多种随时间变化的噪声模型叠加方式来实现，包括高频段的高斯白噪声、中频段的粉红噪声和低频段的褐色噪声等。

传感器仿真的难点在于如何做得足够"真"。仿真引擎需要做到一切从真实数据出发建立仿真场景和传感器模型，并通过真实数据和仿真数据的对比交叉验证，来提高传感器仿真结果的真实性，从而无限逼近真实场景。

参 考 文 献

[1] 51WORLD．51Sim-One 使用文档，2020 年 4 月．

[2] 中国汽车工程学会．合作式智能运输系统车用通信系统应用层及应用数据交互标准，2017 年 9 月．

[3] 中国通信标准化协会．基于 LTE 的车辆网无线通信技空中接口技术要求，2018 年 12 月．

第 7 章

交通环境仿真模型搭建技术

朱重远[1]　孟冬利[2]

(北京交通发展研究院[1]　北京交通大学 交通运输学院[2])

7.1 引言

自动驾驶发展至今，鉴于道路测试的成本、安全性及相关法规的限制，越来越多的厂商开始选择使用仿真模式验证自动驾驶系统的可靠性，并开始逐步朝着仿真倾斜。通过本章介绍，读者可以对交通流仿真在自动驾驶中的应用有一个大致的了解。

虽然真实再现现实中的车辆驾驶行为，仍然是微观交通流仿真中的一大研究难点，但是，在现阶段自动驾驶的测试中，完全可以使用预设的交通场景来检测算法的可行性和自动驾驶系统的可靠性。同时，SUMO、VISSIM 和 Dynasim 纷纷推出针对自动驾驶车辆的仿真模块，以降低微观交通流仿真建模的难度与门槛。虽然目前这些仿真模块仅能粗略反映全自动化、高自动化情况下的交通流，但相信随着仿真软件公司研发的投入和自动驾驶相关领域专业人士的加入，能够最终攻克混合交通流（自动驾驶车-人工驾驶车混合）情况下的交通流仿真再现，使得基于自动驾驶车辆编队进行道路整体性效率优化成为可能。针对自动驾驶的微观交通流仿真技术也将成为未来测试自动驾驶车辆的有效工具，从而协助绿色、自由、快速的未来出行早日成为现实。

本章将从交通流仿真的基本概念出发，介绍宏、中、微观三个层次交通流仿真的主要区别，随后针对微观交通流仿真在自动驾驶仿真中的应用前景进行分析，最后介绍现阶段使用较多的五个中微观交通流仿真软件。

7.2 交通流仿真技术概述

交通流仿真通过模型演算模拟现有情景，按照仿真细致程度的不同，主要分为宏观仿真、中观仿真和微观仿真，三者的区别如表 7-1 所示。

表 7-1 宏、中、微观三层次交通流仿真的对比

仿真层次	仿真对象	道路级别	动/静态仿真	仿真速度	仿真范围
宏观	交通流	走廊	静态	快	城市级
中观	车队	走廊/车道	动态	快	区域级
微观	车	车道	动态	慢	区域级

宏观仿真的对象是道路流量，其路网通常不分车道，而仅仅将交叉口等道路交汇点看作单节点，此外，其交通分配结果通常是静态的，并非随时间或历史路况而改变的；微观仿真则以单车作为仿真对象，其仿真路网呈车道级，仿真过程可以是动态的，或是静态的；中观仿真介于前面两者之间，在牺牲一定仿真精度的同时，尽量提高仿真速度。

自动驾驶仿真通常需要单车级别的仿真和控制，因此，只有微观仿真的仿真粒度能够满足。接下来将会介绍现阶段常用的几种中、微观仿真软件。

7.3 微观交通流仿真与自动驾驶

随着自动驾驶的发展，研究人员发现仅仅依靠路测和实验室采集到的数据远不能满足

开发和测试自动驾驶车辆安全性、稳定性的需求。为此，各大车厂开始将目光对准模拟仿真。仿真可以提供低成本、高适应性的测试环境。使用仿真测试找出最佳备选方案之后再进行路测，可以大幅削减路测需要测试的场景，从而节约成本。随着仿真测试类型的增加，自动驾驶测试对于仿真环境的精度、还原度要求也越来越高。通常情况下，不仅需要真实场景还原，更多时候还需要可定制化的仿真场景，这就涉及交通流仿真为其补充道路上的其他车流。

就自动驾驶发展现状而言，相应的测试仿真环境应该使用包含更为细致的单车行为的微观仿真系统，对自动驾驶车辆周围交通流进行合理仿真，使得自动驾驶车辆可以在仿真环境中尽可能地接近真实驾驶场景。

微观仿真中的核心部分是对驾驶行为的仿真，通常是指驾驶人在接受外界信息与刺激后，做出的跟驰、换道、超车、停车等驾驶行为，对这些行为进行分解重构后，所有驾驶行为可以简化为跟驰、换道这两大行为的组合。因此，国际上对于跟驰、换道行为已有将近 70 余年的研究，建立了一系列跟驰、换道理论模型，不断改进，从而更好地拟合现实中的驾驶行为。

微观交通流行为研究按照研究对象，主要分为交通安全、行为建模及行人。这里主要研究的是驾驶行为建模，核心在于跟驰、换道、冲突疏解模型的构建。其中，以跟驰理论的研究最多。

国外从 20 世纪 50 年代开始就有一系列跟驰理论模型，其中以 GM 模型为代表，至今的许多模型仍采用相同的建模思想。相对而言，我国开始研究跟驰模型的时间较晚。早期的跟驰模型主要分为刺激-反应模型、安全距离模型、心理-生理模型三类，分别以 GM 模型、Gipps 模型和 Wiedemann 74 模型为代表。这些模型的特点是能够针对某一类型的驾驶员的驾驶行为，在一定程度上通过跟车距离和当前车速来调控车辆的车速和加速度，且计算量适中。20世纪末期出现了一批新模型，将跟驰理论推向了一个新的时代。其中，三类模型最为流行：Newell模型及在其基础上构建的优化速度类模型、IDM智能驾驶模型和AI人工智能模型。这些模型在早期跟驰模型的基础上，增加了加速度和减速度、前后车速度差值、驾驶员特征等变量，以求模型能更真实地拟合现实中的驾驶行为。

与上述模型不同的是元胞自动机模型，这种模型在时空层面均为离散，将空间分割为小分块，使用固定时间步长控制车辆移动速度，有助于大幅减少计算量，提高仿真速度，但是在此体系下缺少准确的加速度数值表达，因此，非常难以构建符合实际驾驶行为的驾驶模型。

近年来，随着人工智能技术中深度学习方向的井喷式发展，开始有研究者将其应用到自动驾驶行为建模中来。与传统人工智能建模不同，这些模型普遍采用LSTM（Long Short-Term Memory，长短期记忆人工神经网络）的循环神经网络，对车辆整体轨迹而非跟驰行为进行建模，为此，将此类行为建模归类为车辆轨迹模型。在高质量轨迹数据的支持下，其建模后的拟合度和预测能力要高于传统跟驰换道类的驾驶行为模型。但由于这种循环神经网络模型的参数没有实际的物理意义，因此很难对模型进行直接分析与对比。随着研究的投入，未来有可能构建具有物理意义的中间变量，从而完善这类行为建模方法。

国内外提供微观仿真功能的软件有很多，当前我国已经引进了多种商业微观交通流仿真软件，包括有VISSIM、S-PARAMICS、Q-PARAMICS、TransModeler、COSIM、AIMSUN等。本章选取市场占有率较高且仍在持续更新并提供服务的六款中、微观仿真软件做简单介绍。

7.4 微观交通流仿真软件

7.4.1 SUMO

SUMO 是由德国宇航中心（DLR）采用 C++语言开发的开源微观交通仿真平台。SUMO 软件包含的核心应用程序有：SUMO（微观仿真的命令行应用）、GUISIM（仿真图形用户界面）、NETCONVER（读取不同格式道路网络转换为 SUMO 格式）、NETGEN（抽象网络的生成器）、OD2TRIPS（分解 OD 矩阵为车辆路径）、DUAROUTER（根据动态的用户分配计算路径）等。除 GUISIM 有可视图形界面，其他程序都利用命令行输入进行仿真。

SUMO 目前实现的车辆跟驰模型包括 Car Following-Krauss（软件默认模型）、Car Following Krauss Orig1、Car Following-PWagner2009 和 Car Following-BKerner 等。Car Following-Krauss 模型是由德国学者 Krauss S 提出的一种基于全车速范式的车辆跟驰模型，该模型主要是对驾驶员为了保持安全距离，而采取减速的行为进行模拟。

SUMO 的主要应用场景包括：验证车辆的驾驶策略算法，验证交通路网的控制策略，作为更复杂的交通模拟系统的基本开发平台。

7.4.2 TESS NG

TESS NG 仿真系统是同济大学 2020 年发布的一款完全自主知识产权、专门针对中国交通流特征、便捷易用快速建模能力、开放外部接口模块调用、提供定制化用户服务的国产微观交通仿真软件。

TESS NG 软件使用的行为模型分别为：车辆驶入、驶出模型、跟驰模型、汇入模型。

其中，跟驰模型主要是使用 IDM 模型，变道模型主要是：(1) 动机产生模型，分为自由变道及强制变道；(2) 最小间隙模型，汇入、穿越模型，重点是其行为的逻辑决策。软件的特点是内置的冲突避让规则，使得用户不需设置车辆的优先级就能运行。

TESS NG 仿真系统面向国内用户的核心需求，实现了 6 大类功能，具体包括：全交通场景仿真、多模式交通仿真、智能交通系统仿真、可视化评估、二次开发接口、定制化功能。

7.4.3 VISSIM

VISSIM 是由德国 PTV 公司开发的基于时间间隔和驾驶行为的微观仿真建模工具，主要包括仿真模块 VISSIM 和模拟信号控制模块 VAP（Vehicle Actuated Programming）两部分。

仿真模块包括跟驰模型和换道模型。跟驰模型采用的是 Wiedemann 建立的生理-心理驾驶行为模型，根据前后车间距和速度差将后车的驾驶行为划分为不同跟驰域（Regime），并在各跟驰域内采用不同的加速度模型。换道模型采用基于规则（Rule-based）的算法，包括主动换道和强制换道，根据动态交通分配进行路径选择。

VISSIM 的主要特征有：可通过调整交通信号配时来评估与优化交通方案；通行信号优先权的开发和评估；支持公交优先处理方案的评估；支持公交系统轻轨的实施与影响分析；支持在线生成可视化的交通运行状况和离线输出各种统计数据。VISSIM 具有可覆盖大范围交通区域、可运行可靠性试验、可在 PC 机运行，以及可不断升级并得到在线支持等优点。

7.4.4 Cube Dynasim

Cube 是 Citilabs 基于微软最新视窗操作系统，在 TP+、TRIPS、TRANPLAN 核心模型基础上，研发的包含智能化用户应用、开放的组件式结构的系列宏观交通模型。Cube 包含以下模块：Cube Voyage（宏观预测）、Cube Cargo（货运预测）、Cube Dynasim（微观仿真）、Cube Land（土地模拟）、Cube Polar（空气质量预测）、Cube Base（建模分析）。

Cube Dynasim 微观仿真软件包是一个强有力的交通规划软件，可以快速、直观地反映道路的设计、控制、交通需求，或土地使用的变化对交通网络运作所带来的影响。Cube Dynasim 将道路交通信息完全空间化和逼真化，直观清晰地模拟行人、车辆和轨道交通的特征行为，并提供逼真的二维和三维模型。

Cube Dynasim 的功能包括：进行微观、随机和公共事件为基础的仿真；模拟计算和仿真同步进行；详细的节点模拟；停车场和道路收费站的模拟；限制车道的模拟；智能交通信号灯的模拟；车辆特征和驾驶员行为参数的设置；可直接与 Cube Voyager 等宏观模型衔接；利用 Scenario Manager 进行方案设计和比较等。

7.4.5　Dynameq

Dynameq 是一种中观仿真系统，虽然其没有单车级别的精细仿真，但是可以为自动驾驶测试等应用提供大范围的动态背景交通流，因此也做一些简要介绍。

Dynameq 系统是由加拿大 INRO 公司开发研制的动态交通分配（DTA）系统。它适用于大范围、交通拥挤道路网络的中观动态交通仿真软件，为道路交通规划人员提供动态交通环境的动画演示和合理方案的比较。

Dynameq 系统分别从微观和宏观方面描述了道路交通流的特性。微观方面包含了车辆跟驰模型、车道变更模型及可接受间隙模型。车辆跟驰模型模拟交通延误的传播，解释道路交通拥挤的动态影响；车道变更模型和可接受插车间隙模型模拟真实的控制信号时间，反映车辆在道路路段和道路交叉口处的合流、分流等交通冲突。Dynameq 系统动态交通分配模型由出行路径选择模型和动态道路交通网加载两部分组成，以动态系统最优分配和动态用户最优分配为优化目标，通过迭代的求解方法来达到动态用户平衡。

Dynameq 的功能包括：建立能够处理不同形式的道路网；能够处理道路网内部对车流产生影响的发生点和吸引点；准确地反映车辆间的相互作用；模拟先进的道路交通管理策略；仿真道路网交通流的运行状况；仿真模拟公共交通的运行情况；提供图形化的交互界面和进行成果分析的工具。

7.4.6 DTALite

DTALite 软件是由美国亚利桑那州立大学的周学松教授团队开发的完全自主知识产权的中观动态仿真系统，用于基于通用建模网络规范（GMNS）格式进行有效的宏观流量分配。DTALite 具有基于 GMNS 格式的网络表示、涵盖不同时间段的需求、为 C++和 Python 提供 API 接口、高效的多线程并行计算和内存管理、可扩展交通量延误函数（VDF）功能等特征。在美国马里兰州、内华达州、亚特兰大、佛罗里达等地有广泛应用，因此也做一些简要介绍。

DTALite 开发的目标旨在为交通策略分析提供一个集成的开源软件包，其中静态交通分配（STA）和动态交通模拟（DTA），以反映道路通行能力限制的影响。基础的交通量延误模型包括 BPR 函数及其扩展模型 BPR-X、空间排队模型和简化的运动波模型，以描述在通行能力受限的瓶颈处的排队行为。DTALite 仿真系统中的组件和不同模块如下：网络数据；OD 需求元数据库；流量分配模块；NEXTA（可视化接口模块）；时空仿真模块；通行能力管理；仿真输出管理。

DTALite 中观仿真系统使用了计算简单但理论上严格的交通排队模型。它内置的并行计算功能通过使用广泛可用的多核 CPU 硬件大大加快了分析过程。对于拥有 100 万辆车的大型网络，需要 1 个小时进行 20 次迭代完成系统动态用户平衡。DTALite 的应用范围包括：大型网络的动态流量分配；网络通行能力分析；工作区域和收费道路的运行分析评估；排放分析和交通安全分析等。

7.5 微观交通仿真建模内容

现阶段针对一个交通系统的微观交通仿真测试或评价主要包括三个阶段：基础仿真模型的建立、模型校验和案例应用。无人车仿真可应用这一仿真测试流程，本节将对各阶段做一个简述。

1．基础仿真模型的建立

首先明确研究对象、研究范围和研究目的。根据建模需要进行基础数据的收集和处理，利用仿真软件建立基础仿真模型，输入基础数据，并对模型进行初步检查。

微观交通仿真建模所需基础数据一般包括道路几何数据、交通量数据等，具体视研究对象而定。数据样本量应确保满足最小样本量的要求，以便对模型进行标定和有效性检验。

微观交通仿真建模是通过静态路网描述模型、交通生成模型、动态驾驶行为模型等，模拟车辆在不同道路和交通条件下的运行状况，并以动态形式显示出来。

（1）静态路网描述模型：交通仿真是车辆与路网相互作用的一种形式。底层道路网络的获取和建模是重要且具有挑战性的。真实世界道路网络的数字表示已经越来越有可用性，但这些数据往往不能直接用于模拟交通。在 VISSIM、TESS NG、AIMSUM 等交通仿真软件中，link 和 connector 被用来描述道路网络的拓扑结构，这有助于描述具有更复杂几何形状的道路。

（2）交通分配模型：交通分配就是在道路网中，将已知的 OD 交通量按照一定的规则、符合实际的分配到各条出行路径上,同时求解出道路网中各路段的交通流量。交通分配分为静态交通分配和动态交通分配两类。静态分配用来反映道路网络的平均交通运行状态,但并不能详细地表征道路交通流的动态特征。动态 交通分配,就是用以降低个人的出行费用或系统总费用为目标,将随时间变化的 OD 出行量合理地分配到道路网中不同的出行路径上。

(3) 车辆生成模型:车辆生成模型是微观交通仿真中最基本的模型,是整个仿真过程的起始点。车辆生成模型是指在路网各个入口处根据车辆目的地特征、车辆数量分布规律等参数,连续地、随机地在各入口处产生车辆并设置所产生车辆的各种属性。车辆生成模型需要考虑单个车辆产生的随机性和车辆产生总体服从规律性。车辆到达分布一般有泊松分布、二项分布等,车头时距分布一般有负指数分布、移位负指数分布、厄尔兰分布等。

(4) 动态驾驶行为模型:动态驾驶行为模型控制车辆的速度和位置每隔一个仿真时钟或根据事件条件更新,主要包括自由行驶模型、跟驰模型、换道模型、排队模型等。当单车道上行驶的前后两车之间的车间距超过某个临界值时,认为前后车的行驶速度没有影响,后车按照期望速度行驶。跟驰模型刻画了在无法超车的单车道上车辆列队行驶,前后车的距离小于某一特定的安全距离,后车跟随前车行驶的状态。跟驰模型具有制约性、延迟性和传递性。常用的跟驰模型有刺激反应模型、安全距离模型、元胞自动机模型等。换道模型与跟驰模型共同构成交通行为模型,用于描述人-车单元的行为,包括主动换道和强制换道。

2. 模型校验

这是确保仿真有效性、可靠性的关键。根据实测数据,对仿真模型参数进行调整,使模型尽可能精确反映仿真对象的交通运行特征。

模型校验是根据实地交通运行状况,对仿真模型参数进行调整,使模型能够准确模拟仿真对象的交通运行特征及过程。微观交通仿真模型校验的一般流程分为以下五步。

（1）模型参数缺省值检验。在使用模型参数缺省值的情况下，对比仿真输出结果与实际测量数据，若符合要求，则认为该仿真模型参数缺省值是合适的；若不符合要求，则需要对模型参数进行校准。

（2）模型校准初始化。模型校准初始化包括 4 个步骤：校准参数的确定；参数经验取值设计；仿真实验设计；仿真次数的确定。

（3）可行性测试。可行性测试是为了找到一组最优参数组合，使得仿真输出结果与实际测量数据的差异最小，否则需要调整校准参数的取值范围。

（4）参数校准。建立参数校准目标函数，选择优化算法。通过参数调整，寻找最优解，使仿真输出结果与实际测量值的差异最小。

（5）模型验证。使用校准后的参数值进行多次仿真，并输出模型验证所需数据。选取另外一组在参数校准过程中未使用过的实测数据，重复校准过程中使用的方法，对比分析模型输出数据是否符合要求。若符合要求，则模型校验过程结束；若不符合要求，仍需进一步校准模型。

3．案例应用

根据具体的规划设计方案，为模型输入不同的参数，通过仿真得到相应的评价指标，从而为规划方案的对比选择提供参考。

模型应用包括仿真结果记录输出和仿真结果分析。数据显示、记录模块也是系统的重要组成部分，它是提供后续工作的依据，也是系统评价指标的基础。仿真系统记录所有车辆在整个仿真时段内的每个仿真间隔的状态，并在此基础上进行统计，以及反映路网的交通状态变化过程。对各类仿真结果进行可视化评估，包括：排队长度、行程时间、数据采集点样本、集计数据和高精度轨迹数据等多种形式数据。

仿真结果分析主要面向交通管控方案评估、固定基础设施管理、智能交通系统和自动驾驶车辆设计等工作。微观交通仿真系统通过再现道路网交通流微观状态,评估各种交通控制策略,预测道路通行能力及服务水平,为交通管理控制方案的制定提供可靠的依据。

7.6 小结

随着越来越多公司和研究机构开始投入自动驾驶车辆的研发,交通流仿真作为一个可以极大程度上减少初期投入的工具,开始被更多人关注。本章从交通流仿真的基本概念出发,介绍三个层次交通流仿真的主要区别,指出中微观交通流仿真是最契合自动驾驶测试需求的仿真方式。随后针对微观交通流仿真在自动驾驶仿真中应用前景进行分析,最后介绍现阶段使用较多的六个中微观交通流仿真软件,供读者参考。

参 考 文 献

[1] R. Herman, E. Montroll. Traffic Dynamics: Studies in Car Following[J]. Operations Research, 1958. 6: 165-184.

[2] Gazis, D., R. Herman, R. Potts. Car-Following Theory of Steady-State Traffic Flow[J]. Operations Research, 1959. 7: 499-505.

[3] Herman, R., et al. Traffic Dynamics: Analysis of Stability in Car Following[J]. Operations Research, 1959. 7: 86-106.

[4] Gazis, D., R. Herman, R. Rothery. Nonlinear Follow-the-Leader Models of Traffic Flow. Operations Research, 1961. 9: 545-567.

[5] 章三乐,肖秋生,任福田. 车辆跟驰理论的实用研究[J]. 北京:北京工业大学学报,1992(03): 20-27.

[6] Gipps, P.G. A behavioural car-following model for computer simulation. Transportation Research Part B: Methodological[J], 1981. 15(2): 105-111.

[7] wiedemann, R., simulation of road traffic in traffic flow. 1974, university of Karlsruhe(TH).

[8] Newell, G.F.. A simplified car-following theory: a lower order model. Transportation Research Part B: Methodological[J], 2002. 36(3): 195-205.

[9] Bando, M., et al., Dynamic model of traffic congestion and numerical simulation[J]. Physical review. E, Statistical physics, plasmas, fluids, and related interdisciplinary topics, 1995. 51: 1035-1042.

[10] Jiang, R., Q. Wu, Z. Zhu. Full velocity difference model for car-following theory[J]. Physical review. E, Statistical, nonlinear, and soft matter physics, 2001. 64: 017101.

[11] Treiber, M., A. Hennecke, and D. Helbing, Congested Traffic States in Empirical Observations and Microscopic Simulations[J]. Physical Review E, 2000. 62: 1805-1824.

[12] Kehtarnavaz, N., et al., A transportable neural-network approach to autonomous vehicle following[J]. IEEE Transactions on Vehicular Technology, 1998. 47(2): p. 694-702.

[13] 贾洪飞, 隽志才, 王晓原. 基于神经网络的车辆跟驰模型的建立[J]. 公路交通科技, 2001(04): 92-94.

[14] Nagel, K., M. Schreckenberg. A cellular automaton model for freeway traffic. Journal de Physique I, 1992. 2: 2221.

[15] Cremer, M. J. Ludwig. A fast simulation model for traffic flow on the basis of boolean operations. Mathematics and Computers in Simulation, 1986. 28(4): 297-303.

[16] Daganzo, C.F., The cell transmission model: A dynamic representation of highway traffic consistent with the hydrodynamic theory[J]. Transportation Research Part B:

Methodological, 1994. 28(4): 269-287.

[17] Yang, L., et al. Analysis of the factors affecting drivers' queue-jumping behaviors in China[J]. Transportation Research Part F: Traffic Psychology and Behaviour, 2020. 72: 96-109.

[18] Huang, X., J. Sun, J. Sun. A car-following model considering asymmetric driving behavior based on long short-term memory neural networks[J]. Transportation Research Part C: Emerging Technologies, 2018. 95: 346-362.

[19] Álvarez López, P., et al.. Microscopic Traffic Simulation using SUMO, 2018.

[20] 孙剑，刘启远. 十年磨一剑：自主可控国产微观交通仿真软件 TESS NG 研发之路[N/OL]，2020 [cited 2020; Available from: http://m.7its.com/html/2020/dongtai_0113/8877.html.

第8章

自动驾驶场景库的构建

戴一凡[1] 王宝宗[1]

(清华大学苏州汽车研究院[1])

8.1 引言

自动驾驶汽车在真实道路上行驶之前必须经过一系列测试过程来保证其各项功能和性能的稳定性、稳健性、可靠性和安全性。基于场景的测试方法是通过预设场景对被测车辆进行特定目标或行驶任务的测试,是汽车自动驾驶测试过程中的重要手段。把场景与仿真结合起来,可以达到灵活配置、提高测试效率的目的,因此,近几年基于场景的测试方法逐渐成为研究热点。但目前该方法仍存在一些亟待突破的技术难点,如场景提取、场景筛选及场景构建等。

8.2 自动驾驶场景库研究现状

8.2.1 国外研究现状

Google 旗下的 Waymo 公司构建了仿真世界 Carcraft[1]。Carcraft 最初使用在真实世界里驾驶的回放数据进行测试，验证算法的改进，发现新的问题；后续采用了参数模糊化等技术生产大量全新的虚拟测试场景，每天有 25 000 辆虚拟无人车在模拟器中行驶 800 万千米以上的里程。其最大的优势是可以快速重复测试一些现实中不常发生但却很重要的场景。自动驾驶系统可以针对单一场景多次练习，以提升算法的性能。对某个具体测试场景中的某个参与者或交通信号进行一些改变，添加额外的行人等，可以构建大量的衍生场景，从而对无人驾驶算法进行更充分的测试。

德国的 PEGASUS 项目联合了德国 17 家汽车行业相关企业和研究机构，共同制定自动驾驶上路前的一系列测试标准[2]。PEGASUS 项目共有四个构成部分：场景分析和评价标准研究、应用过程分析、测试，以及可扩展性分析。根据自动驾驶产品开发的概念阶段、系统开发阶段和测试阶段对场景的需求差异分别提出了对应的功能场景、逻辑场景和具体场景概念。构建场景库的方法使用了六层模型（道路结构层、道路设施层、临时动态事件层、移动对象层、环境层和数字信息层）作为数据模型，从真实数据生成参数分布，使用了一种标准输入数据到标准输出数据的处理框架。同时后面移交到 ASAM（Association for Standardisation of Automation and Measuring Systems，自动化及测量系统标准协会）的 OpenSCENARIO 场景格式标准也成为现在国际上比较公认的场景描述格式。

8.2.2 国内研究现状

2019 年 3 月百度公司公开了一种基于真实数据构建仿真场景的方法，即利用传感器扫描得到的街景图和真实的轨迹自动合成逼真图像和仿真移动模式，并发布了基于该技术的 ApolloCar3D 和 TrafficPredict 等数据集[3]。该数据集包含 5 277 个驾驶图像和 6 万多个汽车实例，其中，每辆汽车都配备了具有绝对模型尺寸和语义标记关键点的行业级 3D CAD 模型。

中国汽车技术研究中心于 2019 年 12 月发布了中国典型驾驶场景库 i-Scenario[4]，涵盖了标准法规、人工经验数据、交通事故数据和自然驾驶数据。该场景库包含了数百例标准法规场景、3 000 例经验式场景、5 万例功能场景及 150 例事故场景。

国家智能网联汽车（上海）试点示范区于 2017 年 6 月启动了"昆仑计划：中国智能驾驶全息场景库建设"项目[5]，截至 2018 年 5 月，已经积累了近 4 000 例交通事故场景，150 余万千米自然驾驶场景，超过 100 小时、1 000 人次的驾驶模拟器测试场景，超过 120 小时的道路冲突场景，80 余类标准规范场景。

2019 年 5 月，国汽（北京）智能网联汽车研究院联合主机厂、地图供应商等多家单位，计划建立中国标准智能网络汽车场景库，包含感知算法训练库、自然驾驶场景库、标准规范场景库及危险工况场景库等数据库，发布了《ICV 场景库理论架构体系研究报告（草案）》[7]。

清华大学苏州汽车研究院于 2019 年发布了自动驾驶场景库"镜"[8]。"镜"主要包含以下几个部分：① 运用机器视觉、深度学习等技术，基于上帝视角提取的大规模交通流轨迹数据集 Mirror-Traffic；② 面向 SAE L2 及以下的标准法规测试场景；③ 面向 SAE L3 及以上的高速公路和城市道路的驾驶场景；④ 边缘场景；⑤ 泊车场景；⑥ 自动驾驶物流车场景等，满足不同水平自动驾驶汽车的测试需求。

8.3 自动驾驶场景库构建技术

8.3.1 相关定义

1. 场景

场景是在一定时间和空间范围内环境与驾驶行为的综合反映,描述了道路、交通设施、气象条件、交通参与者等外部状态及自车的驾驶任务和状态等信息。场景的具体要素包括:主车驾驶任务、环境信息(如天气、光照、风速等)、道路及交通设施信息、动态环境信息(如交通灯、可变交通标示等)、交通参与者交互信息。如图 8-1 所示为被业内广泛认可的德国 Pegasus 项目中对构成场景的关键要素的划分。

图 8-1 德国 Pegasus 项目中对构成场景的关键要素的划分

除了上述要素,越来越多的学者认为,还需要增添关于道路的数字化信息,如 V2X 信息、数字地图信息等。

2. 场景库

场景库是指把各种场景数据组织起来形成数据集合,并进行条理化、自动化管理。场景库以场景数据为基础,同时还包括场景采集、场景标注与检索、场景聚类与分布统计、测试场景/关键场景生成、测试结果评价等在内的完整测评系统等。场景库建设已成为连接海量场景数据与场景应用的核心工作,它将服务于自动驾驶开发的各个环节,如图 8-2 所示。

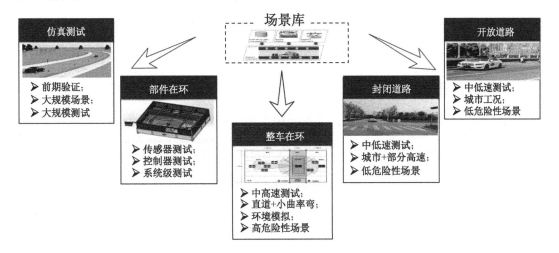

图 8-2　场景库在自动驾驶开发全过程中的角色

8.3.2　场景库的构建

1. 场景数据采集

目前,自动驾驶场景挖掘的数据来源可大致分为两大类:真实数据源和虚拟数据源。真实数据源主要包括来自车载端传感器实车采集的数据、路侧端传感器定点采集的数据,以及交通部门记录/报告的事故数据等。其中,车载传感器采集和路侧设备采集是目前业内对真实场景数据最主要的获取手段。在车载数据采集设备的配置方面,既有使用低成本的纯摄像头轻量化方案,也有视觉与雷达、激光雷达协同的多传感器融合采集方案。目前,多家企业机构已经完成覆盖全国多个地点,达到数十万千米乃至百万千米级别行驶里程的采集积累。实车路采虽然能直接获得视角的多维度真实场景数据,然而,其采集所需的人力和时间成本却是非常高昂的,采集效率也容易受到外部环境因素的影响。为了适应建设大规模场景库的需求,近年来,行业已逐渐兴起从路侧获取交通信息,从而抽取出真实交通场景数据的方法。其中最典型的应用是通过路侧摄像头记录的交通视频,使用视觉挖掘技术来自动化地完成场景提取(详见下一节)。

路侧端采集相比车载采集有其独特的优势,一方面,它可以探查到更大范围内的场景信息,同时可以获得车端视角难以获取的更多的车辆交互信息,从而更好地提取场景内多个交通参与者之间的动态交互情况,这对于构建具有强交互影响的典型场景非常有益,并且由于提取的车辆轨迹精度高,所以对测试汽车自动驾驶的决策算法意义重大。另一方面,路侧端采集设备通常可以 24 小时无间断地获取路面交通信息,更容易获取边缘场景和事故场景,并且成本低廉。

综上所述,车载实车采集与路侧端设备采集在目前场景库的构建中都必不可少,两者采集的数据共同奠定了自动驾驶场景库中场景挖掘的数据基础。

2. 基于视觉的场景挖掘技术

无论是车载摄像头采集,还是路侧摄像头采集,均为自动驾驶场景库的构建积累了非常丰富的日常驾驶交通视频数据。如何运用视觉算法,对这些原始数据进行大规模、自动化、高效率的场景挖掘是自动驾驶场景库构建过程中的重要技术。如图 8-3 所示为使用传统机器学习方法进行场景挖掘的算法流程,其中涵盖了背景模型构建、特征提取、多目标追踪等技术。

使用传统机器学习的方法,对算力要求低,运行速度快,适合高速公路场景的抓取,对目标物的位置和速度的估计精度可满足场景提取需求。传统机器视觉方法还可以提取更多的边缘场景。

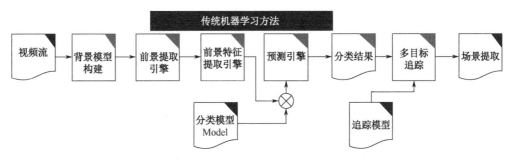

图 8-3　传统机器学习方法的场景提取

另一种场景自动化挖掘的方式是依托目前主流的深度学习框架和特定的标定方法来提取更复杂的场景。其算法框架如图 8-4 所示。

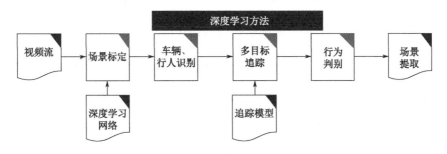

图 8-4　深度学习方法的场景挖掘

与传统机器学习方法相比，深度学习方法省去了背景模型构建、人工提取特征等步骤，检测与跟踪网络设计更加紧凑，但随之而来的是更多数目的神经网络层数和更大的硬件算力消耗。从场景提取的最终效果来看，基于视觉的深度学习方法更适合城市场景的提取，它对城市交通中存在多种交通参与者的混合交通情形依旧适应性良好，并且跟踪精度比传统机器学习方法更高。

综合运用上述两种基于视觉的场景挖掘技术，对每天日常交通中，城市道路和高速公路等特定行驶区域产生的交通大数据自动化和批量化挖掘处理，将极大地加快场景库的建设和完备。

3．场景分类与场景标签

场景分类可以基于道路形态或交通参与物之间的位置关系等来构建，不同的使用范围使得场景分类也会产生差异。

从真实交通数据中挖掘出的场景，需要根据场景要素打上详细的标签才能入库存储。每一个具体场景，都会由多个标签进行组合来唯一地描述和表征。这些标签不仅指明了场景地点、道路类型、交通参与者类型与行为、天气情况等场景要素，还可能会附上采集时间、采集方式、场景相似度/关联度、父级场景等信息，方便场景数据库的管理及检索需要。

4．场景分层模型与测试用例生成

目前，业内普遍认可将自动驾驶场景归纳为具有三个不同抽象层次的场景模型，即功能场景、逻辑场景和具体场景（该构想最初由德国 Pegasus 项目提出），如图 8-5 所示。其中，功能场景抽象程度最高，通常使用自然语言进行描述，它一般代表自动驾驶功能开发中的某一大类场景。到逻辑场景这一层次，需要把功能场景里描述较为抽象和模糊的场景概念参数化（通常指选取适当的物理量来描述场景里各静态要素和动态要素的逻辑关系），并且需要给出其参数空间，这样，功能场景就会从一个相对抽象的概念被量化到一定范围，便于后续测试应用。最后是具体场景，这一层是直接面向具体应用层面的。自动化测试时，计算机从逻辑场景给出的参数空间随机生成或通过一些模型来组合具体参数，从而形成具体场景，也就是测试过程中使用的具体测试用例。

5．虚拟场景生成

在场景库构建过程中，虚拟场景生成技术也一直是场景数据的重要来源之一，这是由于自动驾驶对测试场景的多样性和覆盖性有着极高的要求，所以仅仅依靠前述真实场景数据抽取的场景来构建自动驾驶场景库是远远不够的。于是，一些构造虚拟自动驾驶场景的方法开始被广泛研究，并体现在多样化场景生成上，用来提升场景库覆盖度和搜索自动驾驶关键场景等方面。

Functional scenarios	Logical scenarios	Concrete scenarios
Base road network: three-lane motorway in a curve, 100 km/h speed limit indicated by traffic signs	Base road network: Lane width　　　　[2.3...3.5]m Curve radius　　　 [0.6...0.9]km Position traffic sign [0...200]m	Base road network: Lane width　　　　[3.2]m Curve radius　　　 [0.7]km Position traffic sign [150]m
Stationary objects: —	Stationary objects: —	Stationary objects: —
Moveable objects: Ego vehicle, traffic jam; Interaction: Ego in maneuver "approaching" on the middle lane, traffic jam moves slowly	Moveable objects: End of traffic jam　[10...200] m Traffic jam speed　[0...30] km/h Ego distance　　　[50...300] m Ego speed　　　　[80...130] km/h	Moveable objects: End of traffic jam　40 m Traffic jam speed　30 km/h Ego distance　　　200 m Ego speed　　　　100 km/h
Environment: Summer, rain	Environment: Temperature　　　[10...40] ℃ Droplet size　　　 [20...100] μm	Environment: Temperature　　　20 ℃ Droplet size　　　 30 μm

图片来源：德国 Pegasus 项目。

图 8-5　场景的三个抽象层次

其中，比较容易实践的做法是被称为参数重组仿真场景或参数空间泛化场景的方法。其旨在将已有仿真场景进行合理参数化描述，对不同参数随机重组或按照某一概率分布随机采样进而补充大量未知工况的测试场景，以覆盖自动驾驶功能测试盲区。标准法规场景、自然驾驶采集的真实场景和危险场景均可以用来进行虚拟场景衍生和扩展。这种方法与前面小节中功能场景-逻辑场景-具体场景的演化思路是一致的。

6. 场景的测试评价

对于自动驾驶测试的评价指标（performance metrics），目前主要的关注对象还是停留在安全性验证上面，如事故率（crash rate）、最小预碰撞时间（TTC）等。虽然安全性是对汽车自动驾驶最基础的要求，但是对于高级别汽车自动驾驶来说，仅仅保证驾驶过程不发生事故，却完成不了特定场景里自动驾驶的规划任务，是实际应用中所不能接受的。例如，在高速公路场景中，汽车自动驾驶需要在确保安全的同时，在一定距离范围内完成向右换道，并驶出出口匝道。在此种场景中，如果仅考虑安全性，汽车自动驾驶很可能会跟周围车辆保持一个过于保守的安全距离，从而导致在规定距离驶出匝道任务失败。因此，在高级别自动驾驶的测评体系中，除了考虑验证安全性以外，还应给汽车自动驾驶按场景分配驾驶任务，并把任务是否完成纳入最后的评价结果中。另外，汽车自动驾驶的乘坐舒适性、通行效率等均可作为汽车自动驾驶综合评价指标的一部分。

8.4 场景描述标准

ASAM 是汽车工业中的标准协会，致力于数据模型、接口及语言规范等领域的标准建立。ASAM 目前发布了三个场景相关的标准，即 OpenDRIVE、OpenSCENARIO、OpenCRG，这三个标准相互补充，涵盖了车辆仿真测试相关的静态和动态内容。

8.4.1 OpenDRIVE

OpenDRIVE 为道路网络的精确描述定义了一种文件格式，包括路面属性、标记、路标、车道类型及方向等逻辑属性。OpenDRIVE 的数据以层次结构组织，并以 XML 文件格式进行存储，可以通过仿真工具和编辑器验证、编辑、导入和导出 XML 文件。主流商业仿真软件均支持 OpenDRIVE 作为路网的导入和导出格式。

8.4.2 OpenSCENARIO

OpenSCENARIO 定义了一种文件格式，用于描述驾驶和仿真的动态内容。它的主要用例是描述复杂的同步操作，这些操作涉及多个实体，如车辆、行人及其他交通参与者。对动态行为的描述可以基于驾驶动作或轨迹。该标准还包含其他内容，如自车的描述、驾驶员、行人、交通及环境条件等。

该标准使用事件板（Storyboard）来描述车辆操作，按事件、动作和序列细分。一个事件可以描述一辆车的驾驶动作，或者指定多个实体的动态行为（如车辆到达特定位置后执行车道变换）。事件包括行为，这些行为是在满足特定条件时触发的，如达到指定的速度、路。通过使用序列，定义多个车辆的动作响应。对一辆车的操纵可能是改变车道，超越另一辆车，或者在交通堵塞中驾驶。车辆的详细驾驶行为是通过事件和动作来描述的。动作可能与一辆车相关，可以包括速度的改变、车道的改变或行驶到指定的位置，可确定车辆应遵循的路线和轨迹。行为也可能与环境有关，可能包括改变交通灯或发生交通堵塞。此外，场景描述支持参数化，可以进行自动化的测试，而不需要创建大量的场景文件。

8.4.3　OpenCRG

为了渲染完整的道路环境，静态的 3D 路边物体，如树木和建筑，需要额外的描述格式。OpenCRG 定义了路面描述的文件格式，主要关注道路表面的相关物理信息描述，广泛应用于轮胎和地面接触时的摩擦相关问题。OpenCRG 将允许在仿真软件中对道路路面进行真实 3D 渲染，并包括路面的摩擦系数和灰度等信息。通过弯曲的网格状分割，OpenCRG 将实现对道路的高精度描述，并降低内存占有率和计算时间。同时，OpenCRG 支持与 OpenDRIVE 格式静态场景和 OSI 中动力学模型的交互。该标准是通过 ANSI-C 和 MATLAB 中的软件库发布的。这两种语言的库都包含了读取 CRG 文件及修改和导入数据的函数库。

8.5　小结

本章主要介绍了场景及场景库的定义、自动驾驶测试场景相关的国内外研究现状；同时比较详细地介绍了自动驾驶场景库构建的一些关键步骤，对于场景的数据来源、场景挖掘的方法、场景的分类、构造场景的方法等也进行了阐述。另外，基于场景数据的通用性考虑，对现有的场景格式描述的相关标准也进行了介绍。此外，场景库构建过程中还有其他需要研究和关注的技术，如逻辑场景的参数化的方法，如何快速产生大量有价值的场景，如何结合仿真软件进行大规模批量的测试，如何提高场景的覆盖率等。随着自动驾驶技术的成熟，场景库测试相关的研究也会随着快速发展。

参 考 文 献

[1] Carcraft: http://carcraftstore.com.

[2] Pegasusprojek: https://www.pegasusprojekt.de.

[3] Song X, Wang P, Zhou D, et al. ApolloCar3D: A Large 3D Car Instance Understanding Benchmark for Autonomous Driving[J]. 2018.

[4] 中国汽研：http://www.i-vista.org/scene.

[5] 昆仑计划：http://www.anicecity.org/smart_network.

[6] 国汽车标准化技术委员会：http://www.catarc.org.cn/work/detail/1640.html.

[7] 国汽智联：http://www.china-icv.cn/technologyDetail?id=3.

[8] "镜"自动驾驶场景库：http://www.scenarios.cn.

第 9 章
分布式计算与自动化测试技术

鲍世强[1] 徐海斌[1]

(北京五一视界数字孪生科技股份有限公司(51WORLD)[1])

9.1 引言

在过去很长一段时间里,高性能计算方向上大型机凭借超强的处理能力、稳定性,引领了计算机行业与商业计算领域的发展,集中式的计算机系统架构成为主流。这种架构有着硬件成本高昂、维护成本很高、单点故障等缺点。随着计算机科技的发展,PC 机、刀片机的性能不断提升,大型机的缺点越来越明显。

现在,人们对数据的需求越来越多,各行业数据的计算量呈爆发式增长,而受限于半导体的物理极限,处理器工艺近年来却进展缓慢,为应对传统的单机应用、集中式系统架构对海量数据已呈现出望洋兴叹之势。分布式计算系统在这个去中心化的背景下孕育而生,它将需要巨大资源的应用分解为许多小的部分,然后将这些小的部分分配给不同的计算机进行处理,最后将计算结果汇聚起来,得到最终结果。

分布式计算发展迅速,有着丰富的形态和应用。常见的有利用公众参与者少量闲置资源的计算能力,如基于 DHT 网络的点对点传输应用,大大地减轻了服务提供方对带宽、服务器的需求压力；有利用公众参与者较多专用资源的比特币等区块链网络，它天然地具有比集中式系统更加安全、可信、易扩展等优点。据相关网络媒体报道，2019 年比特币网络的算力已是世界最快超级计算机 Summit 的 60 倍（2018 年 11 月世界 Top500 超级计算机榜单）；科研领域里有利用志愿者 PC 机的空闲资源参加研究分析蛋白质内部结构及由此引起的相关疾病的 Folding@home 分布式计算工程，该工程保持活跃了 20 年，于 2020 年 2 月发布了新的计算程序以研究 COVID-19，以帮助研究人员开发出治疗方法。

分布式系统应用不仅有公众直接参与的应用，更多的是隐藏在简单交互界面后的应用。简单的搜索引擎页面，就如同冰山上的一角。简单界面的背后有着许多分布式系统来提供支撑。

9.2 分布式计算与存储

分布式系统从诞生到现在已经过去很长一段时间了。如果把电话网络作为分布式系统的鼻祖可能不够准确，那么把始于 1969 年的阿帕网（ARPANET），并以此迅速发展出所有人都在使用的因特网协议（IP，Internet Protocol）和传输控制协议（TCP，Transmission-Control Protocol）作为里程碑则更确切。

我们正经历分布式系统大爆炸的时代。这个时代里耀眼的行业当属互联网，领头羊公司变得异常庞大。它们在不断优化程序、改进架构、提升计算能力，以适应不断增长的用户数据量级。Google 于 2003 发表的《GFS：谷歌文件系统》（GFS: The Google File System）[1]，于 2004 发表的《MapReduce：面向大型集群的简化数据处理》（MapReduce: Simplified Data Processing on Large Clusters）[2]，于 2006 年发表的分布式存储经典论文《Bigtable：适用于结构化数据的分布式存储系统》（Bigtable: A Distributed Storage System for Structured Data）[3]，无疑是分布式系统大爆炸前夕明亮的火把。这三篇论文分别涵盖了分布式文件存储、分布式计算、分布式数据库（NoSql），支撑了 Google 内部的搜索引擎索引排序、快照、地球 Map 照片、YouTube 视频数据存储等业务，并对外提供了商业服务。

Google 的论文对行业发展起到很大的推进作用，发布之后，各种分布式计算与存储框架如雨后春笋般出现。Hadoop[4]是基于 Google 论文实现的项目，包含了 HDFS（Hadoop Distributed File System）和 MapReduce 架构，HDFS 架构参见图 9-1。

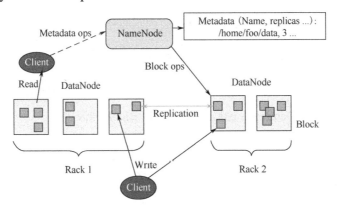

图 9-1　HDFS 架构

HDFS 设计之初就考虑到允许部署在廉价机器上，允许一定硬件问题发生，并迅速侦测，自动恢复数据。HDFS 采用了主从架构，一个 HDFS 集群包含一个单独的 NameNode 和多个 DataNode。NameNode 作为 Master 服务，负责管理文件系统的命名空间和客户端对文件的访问。NameNode 会保存文件系统的具体信息，包括文件信息、文件被分割成具体 Block 块的信息，以及每一个 Block 块归属的 DataNode 的信息。对于整个集群来说，HDFS 通过 NameNode 对用户提供了一个单一的命名空间。DataNode 作为 Slave 服务，在集群中可以存在多个。通常，每一个 DataNode 都对应于一个物理节点。DataNode 负责管理节点上它们拥有的存储，将存储划分为多个 Block 块，管理 Block 块信息，同时周期性地将其所有的 Block 块信息发送给 NameNode。

文件写入时：Client 向 NameNode 发起文件写入的请求。NameNode 根据文件大小和文件块配置情况,返回给 Client 它所管理部分 DataNode 的信息。Client 将文件划分为多个 Block 块,并根据 DataNode 的地址信息,按顺序写入每一个 DataNode 块中。当文件读取时:Client 向 NameNode 发起文件读取的请求。NameNode 返回文件存储的 Block 块信息及其 Block 块所在 DataNode 的信息。

HDFS 将所有文件存储成 Block 块组成的序列,除了最后一个 Block 块,所有的 Block 块大小都是一样的。文件的所有 Block 块都会因需容错而被备份多份。每个文件的 Block 块大小和备份数都是可配置的。HDFS 中的文件默认规则是 write-once(追加和截断除外)的,并且严格要求在任何时候只有一个 writer。NameNode 负责管理 Block 块的复制,它周期性地接收集群中所有 DataNode 的心跳数据包和 Block 列表报告。

备份数据的存放影响着系统可靠性和性能,HDFS 采用一种称为机架感知(rack-aware)的备份存放策略。通常,HDFS 集群会分布在许多机架上,在这种情况下,不同节点的通信最好能够尽量发生在同一个机架之内,而不是跨机架的。为了提高容错能力,NameNode 会尽可能地把数据库备份分布在多个机架上。HDFS 不能自动判断集群中各个 DataNode 的网络拓扑情况。这种机架感知需要外部提供程序或脚本来实现,程序或脚本提供了 IP 到机架 ID 的映射关系。

MapReduce 架构与 HDFS 是共同的,只是节点用途不一样。HDFS 中的 NameNode、DataNode 对应 MapReduce 中的 JobTracker、TaskTracker,如图 9-2 所示。

MapReduce 执行流程可以分为以下三个部分。

① 用户通过 JobClient 提交作业,作业会发送到 JobTracker。

② JobTracker 是 MapReduce 架构的中心,它需要与集群中节点定时通信,管理作业分配、调度、跟踪等工作。JobTracker 得到作业信息后创建众多小作业(MapTask 和 ReduceTask),并将它们分配到各个节点。

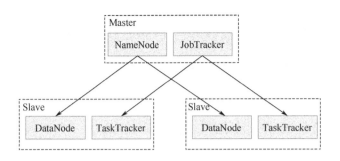

图 9-2 MapReduce 架构

③ TaskTracker 是运行在各节点上的 Slave 服务，它主动与 JobTraker 通信，接收执行作业。

MapReduce 架构遵守一个非常重要的分布式计算设计原则：调度程序（移动计算）比移动数据更划算。当计算程序与数据在一个节点上时效率最高。数据量越大时，这种效率优势越明显。调度程序可以最大限度地降低网络 I/O。MapReduce 设计的是将计算迁移到更靠近数据所在位置，而不是将数据移动到程序所在位置。MapReduce 过程示例如图 9-3 所示。

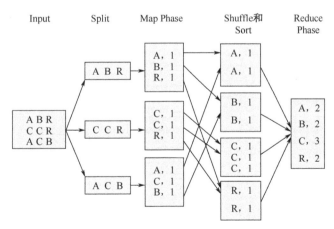

图 9-3 MapReduce 过程示例

分布式系统在不断演进，MapReduce 并不是完美的。不同的应用场景有着不同的需求，相比 MapReduce 基于磁盘的处理引擎，Spark[5]流行得益于它基于内存的实时处理能力。Spark 速度很快，官方表示最多比 MapReduce 快 100 倍。Spark 不仅有 MapReduce 的功能，还提供很多高级组件。

① Spark SQL 是 Spark 提供给用户以使用户可使用 SQL 语言来查询操作结构化数据的组件。

② Spark Streaming。众多行业都对实时数据的流式计算有强烈的需求，如服务器日志、消息队列。Spark Streaming 提供丰富的数据流处理接口，支持实时分析、全局状态、滑动窗口、消息拥塞处理等。

③ MLib 是 Spark 提供的一个机器学习算法库，包含多种经典、常见的机器学习算法，主要有分类、回归、聚类、协同过滤等。

④ Graphx 是 Spark 提供的面向图计算提供的框架与算法库。

市面上主流分布式存储如 BFS、MooseFS、GlusterFS，与 HDFS 架构大同小异，通用型分布式计算框架架构也大多如此。Spark 的架构与 MapReduce 差不多，但内核相差很大，如图 9-4 所示。

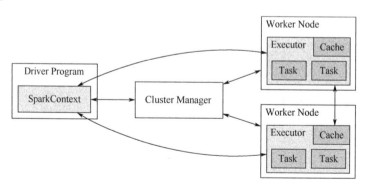

图 9-4　Spark 架构

Spark 应用使用 Java/Scala/Python 语言开发，结合 C++ library 实现复杂逻辑，可以做到对 ROSBAG 进行实时处理。

Spark 作为一种快速通用分布式计算引擎也不是完美的。为达到通用，必然在其他方面的考虑会有所欠缺。在具体细分应用里，自研分布式存储、计算框架能取得更好的结果。

9.3 异构计算

异构计算从不同角度有不同的定义，广义上，不同计算平台的各个层次都存在异构现象，除硬件层的指令集、互联方式、内存层次之外，软件层中应用二进制接口（ABI）、应用程序接口（API）、语言特性底层实现等的不同，对于上层应用和服务而言，都是异构的。例如，用户可以通过 PC、iOS、Android，甚至 PlayStation 联机游戏、服务端的计算集群可能有 x86 架构或 ARM 架构。较复杂的系统一般会结合使用多种语言工具、分布式网络里用不同处理器的联合计算方式，这些都属于异构计算。

异构计算近年来得到更多关注，主要是因为通过提升 CPU 时钟频率和内核数量来提高计算能力的传统方式遇到了散热和能耗瓶颈。而与此同时，GPU 等专用计算单元虽然工作频率较低，具有更多的内核数和并行计算能力，总体性能、芯片面积比和性能、功耗比都很高，远远没有得到充分利用。

与通用型分布式系统一样，处理器的计算能力/特性随着通用性高而降低/消失。常见的处理器包括：CPU（x86、ARM、RISC-V 等）、GPU、FPGA 和 ASIC（按照通用性从高到低排序）。

FPGA 是现场可编程门阵列的简称，支持短时间低成本实现自己想要的功能，并且是可以多次重写的廉价设备。FPGA 在做某个特定运算时的耗时可能比 CPU 高几十倍。FPGA 的高能效主要体现在逻辑计算和固定精度计算领域（而非浮点计算领域）。在密码学货币（如比特币）挖矿方面，这一特点让 FPGA 呈现出巨大优势。时至今日，每个矿工都已经习惯于通过 FPGA 挖矿了。而 ASIC（专用集成电路）是一种针对某种具体应用专门设计的特殊集成电路，在这方面是比 FPGA 能效更高的解决方案，但有前期成本高、不可重写内部逻辑的缺陷。

大多数行业里，目前的异构计算仍然以 CPU 结合 GPU 为主。仿真领域恰好是 GPU 最典型、最擅长的应用场景。3D 场景的渲染依赖浮点运算，而浮点运算正是 GPU 的强项。

在对分布式自动驾驶仿真测试系统进行设计时，为了加速测试、提高测试并发量，除了提升集群硬件参数外，考虑到 GPU 成本更高，还可以考虑将非必需 GPU 算力的功能剥离，以 CPU 算力支持。如果技术条件可支持，可考虑专用电路进行加速计算。

9.4 仿真测试云架构

在分布式仿真系统中，有一个核心的节点——时间服务器。时间服务器的任务是描述系统运行过程中系统节点时间推进的控制机制，协调各个节点的数据交换与时间推进状态，使仿真世界中事件发生的顺序与真实世界中的顺序保持一致，保证各仿真节点观察到事件产生的顺序是相同的，并且能够协调它们之间相关的活动，如图 9-5 所示。

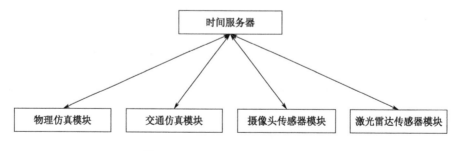

图 9-5 分布式仿真系统核心架构

为了提高单次仿真任务的执行效率，51Sim-One 提供了操控时间步进速度的功能。也就是说，仿真系统可以按照超现实的速度进行工作。为了实现对仿真时间的控制，就需要在系统中应用虚拟时间而不是实时时间。在仿真系统中添加时间服务器，用于在各个模块之间进行时间同步。这样一来，时间服务器就可以根据需求，随意修改每个时间片的间隔，进而支持实时控制整个仿真系统的加速或减速。与此同时，当系统某模块或节点没有在一个时间片内完成任务，时间服务器会进行全局的虚拟时间推迟，当延迟的模块恢复后，虚拟时间继续前进，从而保证各模块之间的时间同步。

在仿真系统中引入时间服务器后，所有仿真模块都需要先连接到时间服务器，再开始自身的仿真任务，并且自身的仿真间隔要严格按照时间服务器给出的时间完成。

仿真节点与时间服务器的主要通信流程有三个：加入时间周期、时间步进、离开时间周期，如图 9-6 所示。

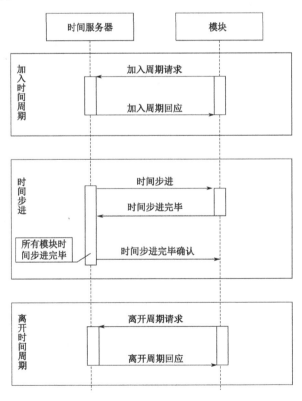

图 9-6　分布式仿真系统时间步进流程

在仿真世界中,除了静态元素外,所有元素在分布式仿真系统中都是一个参与者(Actor)。参与者的状态在实时变化,参与者数量一多就不能及时广播所有状态给其他参与者。我们引入热区(Hot area)这个概念。每个参与者只关心自己所在特定范围的区域。参与者的状态也会广播给自己特定范围里的其他参与者,如图9-7所示。

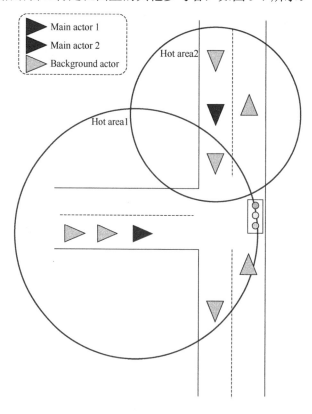

图9-7 热区示意图

目前,51Sim-One 的分布式仿真节点架构也是 Master/Slave 架构,有作为配置中心和任务编排中心的 Web 服务、Master 节点的计算资源协调服务(协调者、Coordinator)、常驻 Slave 节点的 Daemon 服务。系统启动后,各 Slave 节点上的 Daemon 服务主动向 Coordinator 服务通信,注册所在 Slave 节点的资源能力。配置中心派发任务 Task 到协调者,协调者根据 Task 所需资源唤醒具有对应空闲资源的 Daemon，Daemon 根据协调者分配的任务开始和时间服务器或其他节点进行协作。当所有节点完成或出现错误时测试结束，如图 9-8 所示。

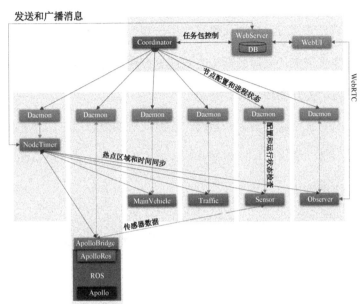

图 9-8　分布式仿真节点架构

云架构与上述分布式仿真节点架构不同。目前，仿真系统云端为适应公有云和私有云部署，采用了基于 Docker 容器技术，将各节点应用打包成镜像，使用 KBS（Kubernetes）进行部署、管理。统一管理了路网运行时等微服务，并基于 Docker，KBS 接口二次开发实现外部算法接入、资源动态创建与调度。实现了计算与数据分离、高扩展性，并且易交付、易部署、易维护。

9.5 小结

分布式架构应用对比传统单机/集中式架构应用,在经济性、灵活性、安全性、伸缩性方面有显著优点。自动化测试并不一直保持高并发、高资源使用率,日常测试对计算资源需求变化很大,采用云架构方式能更细粒度地随测试案例变化动态申请释放资源,达到节省资源、提升能效。

分布式系统的数据一致性,在时间服务器参与下,使相同参数的仿真测试的结果始终保持一致。节点间数据交换并不依赖确定的计算平台和ABI,因此,在功能扩展、技术摸索上海纳百川。

参 考 文 献

[1]　The Google File System: https://research.google.com/archive/gfs-sosp2003.pdf.

[2]　MapReduce: Simplified Data Processing on Large Clusters, https://research.google.com/archive/mapreduce-osdi04.pdf.

[3]　Bigtable: A Distributed Storage System for Structured Data, https://research.google.com/archive/bigtable-osdi06.pdf.

[4]　Hadoop: https://hadoop.apache.org.

[5]　Spark: https://spark.apache.org.

第 10 章

汽车自动驾驶测试仿真技术

陈 龙[1] 李楚照[2]

(中国汽车工程研究院股份有限公司[1] 清华大学 车辆与运载学院[2])

10.1 引言

随着汽车智能化、网联化的发展,汽车也逐步由驾驶辅助过渡到高级辅助驾驶,再到低级别自动驾驶、高级别自动驾驶。自动驾驶级别越高,遇到的挑战也越大,其中,自动驾驶的测试就是一个汽车自动驾驶在开发过程中的一大挑战。

汽车自动驾驶是一个集环境感知、感知融合、决策运算及决策执行于一体的高度复杂的系统,要对这一复杂系统进行系统、全面的测试,主要从以下几个方面进行。

① 多维度、高效率地搭建汽车自动驾驶测试场景,保证工况的覆盖性、遍历性。

② 基于传统的汽车开发"V"模型,开展基于场景数据库的模型在环、软件在环、硬件在环、车辆在环仿真测试,如图 10-1 所示。

③ 结合场地测试、道路测试,补充、完善仿真测试,并为仿真测试提供必要的实车数据支撑。

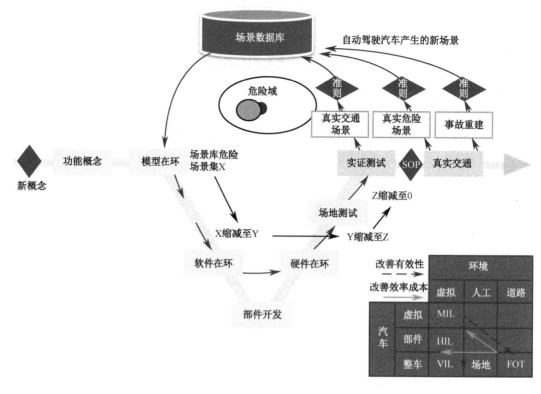

图 10-1 基于场景数据的在环仿真测试

④ 在仿真测试中引入驾驶员、乘客环节。汽车自动驾驶的驾驶主体将由人变成智能系统,驾驶员、乘客的乘坐体验、人机交互等也是汽车自动驾驶的测试、评价环节。

⑤ 利用云平台实现测试共享、数据共享,结合大数据技术为自动驾驶测试提供海量数据支撑[1]。

10.2 场景数据处理平台

场景数据处理平台是联通场景数据采集、场景数据库建设、仿真实施的重要中间环节。通过该平台,道路采集得到的自然驾驶数据、危险场景数据、事故场景数据等将完成由原始数据向场景数据库的自动化转换，为仿真场景数据库建设提供数据服务与场景服务，并为仿真测试所需云基础服务与仿真服务提供支撑，如图 10-2 所示。

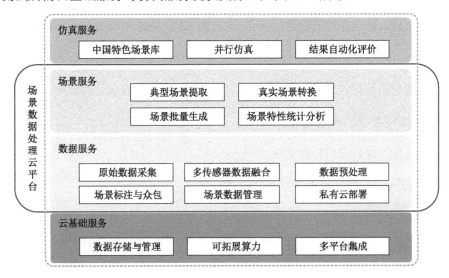

图 10-2　场景数据处理平台与自动驾驶仿真测试架构

场景数据处理平台应具有数据处理、场景提取、场景标注、数据统计与分析、场景转换、场景生成、数据管理等功能。

① 数据处理：兼容多种采集方案，对原始数据进行有效筛选，并对多传感器数据进行解析与融合。

② 场景提取：基于预设规则或自定义规则，批量自动提取典型驾驶场景或用户制定场景。

③ 场景标注：根据场景定义与场景特征，基于内置标注模板或自定义模板，对关键场景要素进行自动或人工多人在线标注。

④ 数据统计与分析：对原始场景要素、关键场景要素、典型场景要素等进行参数统计、分析与建模。

⑤ 场景转换：对关键驾驶场景进行快速仿真复现，支持 Openx 系列标准场景格式转换与存量场景非标格式转换。

⑥ 场景生成：基于自然驾驶数据参数分布或自定义静态与动态场景参数，自动化批量生成测试场景。

⑦ 数据管理：具有包含原始数据管理、标注数据管理、场景数据管理、数据使用权限管理等能力，实现数据全周期管理。

i-STAR 场景数据处理平台参见图 10-3。

更科学/更灵活/更高效

为更好推进科学的场景开发工作，"i-VISTA自动驾驶仿真数据众包&测试服务云平台"将中国自然驾驶数据集、场景提取与标注、场景分析、场景生成、场景转换、场景库下载、仿真分析以及测试评价等资源及工具链迁移到云端。针对产学研等不同对象提供不同的功能与服务，为用户提供自动驾驶汽车研发与测试的提供全链式工具和灵活组件式服务。

图 10-3　i-STAR 场景数据处理平台

10.3　软件在环

软件在环（SiL, Software in the Loop），其核心是不接入任何实物进行算法模型及代码的测试验证，基本测试架构为虚拟环境和虚拟被测对象之间的联合仿真[2,3]。在自动驾驶算法开发与验证中，涉及大量复杂场景、极限工况下的反复迭代测试。由于算法模型代码和测试验证环境都是虚拟的，采用软件在环的仿真测试手段，可对算法进行加速测试、并行测试，以大大提高自动驾驶算法测试验证的效率。

软件在环的关键在于如何搭建一个逼真的运行环境，实现真实场景在仿真环境中的复现，使自动驾驶算法模型能正常进行决策和控制。仿真环境要素包括：车辆动力学模型、传感器模型、环境交通模型（包括：驾驶员模型、道路模型、环境模型、天气模型、交通流模型）等。

10.3.1 车辆动力学模型

车辆动力学模型是自动驾驶算法的控制对象，对算法的评价来源于算法对车辆动力学模型的控制效果。国内外已经有成熟的商业软件针对车辆进行建模，如 Carsim、Carmaker、Car-realtime、Dyna4、Panosim 等。

10.3.2 传感器模型

传感器模型包括毫米波雷达模型、激光雷达模型、超声波雷达模型、摄像头模型等，利用这些传感器模型可将车辆周围的信息准确地传入自动驾驶算法中，供自动驾驶算法进行目标的融合和决策，国内外成熟的商用软件有 Prescan、VTD、Scaner、MonoDrive、Carla、Unity、Apollo、51VR 等。V2X 作为一种远程通信传感手段，目前也成为多家软件商研究的仿真领域。

10.3.3 环境交通模型

环境和交通构造了自动驾驶所面临的复杂工况，在仿真软件中，可实现光照、天气、道路条件、交通参与者、交通流密度等多种要素的组合，覆盖真实自动驾驶车辆在道路中会遇到的各种情况。除上述商用软件外，一些专注于交通流仿真的软件也逐步迈入自动驾驶领域，实现更为逼真的交通流复现，如 VISSIM、SUMO 等，可以和上述车辆动力学软件、环境仿真软件进行联合仿真测试。

软件在环测试原理如图 10-4 所示。

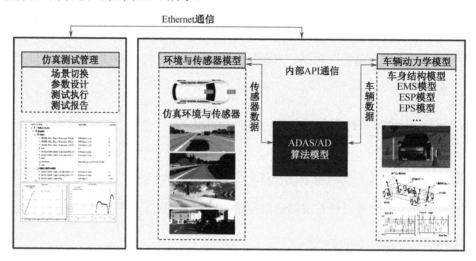

图 10-4　软件在环测试原理

10.4　硬件在环

硬件在环（HiL, Hardware in the Loop）测试系统是通过仿真车辆模型、传感器和执行器来构建一个虚拟的车辆环境，以实时处理器中运行的实体仿真模型来模拟受控对象的运行状态，对真实被测 ECU（Electronic Control Unit，电子控制单元）进行包括功能、逻辑等在内的测试[4]，如图 10-5 所示。

自动驾驶硬件在环测试与传统硬件在环测试在本质上相同，但由于自动驾驶本身的特点，导致其测试方法、手段、工具与传统硬件在环仿真测试有差异。自动驾驶硬件在环测试原理如图 10-6 所示。

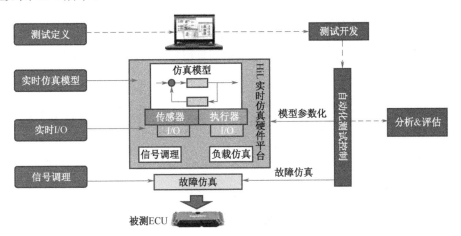

图 10-5　ECU 硬件在环测试原理

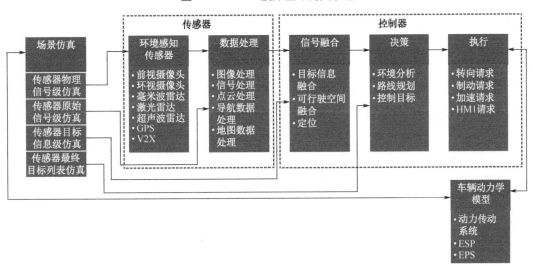

图 10-6　自动驾驶硬件在环测试原理

自动驾驶硬件在环测试可分为如下层级。

① 传感器物理信号级仿真：将真实的传感器引入硬件在环测试环节，通过专门的技术来提供传感器的激励信号，如毫米波回波模拟、基于摄像头视角的交通画面等。

② 传感器原始信号级仿真：跳过传感器部分前端模块，直接模拟前端模块数据流给下一级处理单元，如摄像头视频注入。

③ 传感器目标信息级仿真：将传感器识别的目标物列表通过相关的通信协议传输给自动驾驶 ECU。

④ 传感器最终目标列表仿真：将 ECU 中目标信号融合的结果直接输入给自动驾驶 ECU 的决策层。

自动驾驶硬件在环测试的主要特点如下。

① 测试场景的复杂化与多样化：对于自动驾驶的硬件在环仿真测试，需要根据自动驾驶控制器的功能定义、标准法规、自然驾驶数据、交通事故数据及实采道路交通数据等精心设计测试场景，以保证硬件在环测试的全面性、覆盖性，尤其是能对极限工况、危险工况的测试。

② 测试系统的实时性：自动驾驶硬件在环测试环节较多，且通常是多种软件的集成。测试系统必须有足够的实时性，才能实时还原测试场景，以激励被测系统。

③ 测试的高效性：自动驾驶硬件在环测试时，将会有海量的测试用例与软件的反复迭代，因此，自动驾驶的硬件在环测试应是基于场景数据库的全自动化测试的，以保证效率。

10.5　车辆在环

车辆在环（ViL，Vehicle in the Loop）测试作为自动驾驶测试技术发展的新趋势，填补了传统软/硬件在环测试与实车测试阶段之间的空白，具有传统软/硬件在环测试所缺少的高真实性，同时又解决了实车测试存在的测试效率低、危险工况少、受自然环境影响大、试验过程一致性差等难题[5]。

其主要优势如下。

① 实现道路测试向室内测试转移，达到测试车辆可以在室内24小时连续测试，大大增加了有效测试验证时间。

② 系统平台通过实时多目标协同控制算法，实现同时控制多个目标车和目标行人模拟物的运动轨迹，通过目标物的不同初始位置参数、运动轨迹参数等的组合，为测试车辆提供大量复杂危险的测试工况，实现对自动驾驶功能的深度检测。

③ 可对自动驾驶系统的不同模块进行验证及测试。

④ 可完成感知系统单一传感器性能测试、多传感器感知融合性能开发测试、复杂交通场景下的决策控制算法开发训练测试评价、自动驾驶系统单项功能的场景测试及多项功能组合场景测试、环境要素影响测试、预期功能安全测试、极限工况测试验证、故障注入容错算法测试等不同类别的测试。

车辆在环系统的主要构成如下。

① 以车辆纵向或横纵向耦合运动平台为核心，通过集成设计车辆纵向/横向负载模拟及车轮转向运动负载模拟等结构，建立自动驾驶整车在环运动负载模拟平台。

② 同步协同控制多个交通参与目标物相对位移速度，实现动态交通流的快速重构。

③ 通过连续调节环境灯光亮度，同时叠加雨、雾、雪、电磁干扰等环境要素，形成自动驾驶车辆整车、动态交通流、气候电磁环境全工况重构的测试系统平台，实现对自动驾驶整车复杂动态全工况场景测试。

车辆在环测试原理参见图10-7。

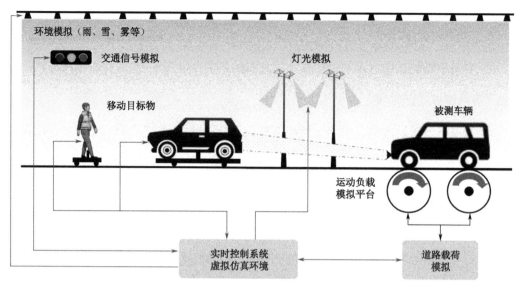

图 10-7　车辆在环测试原理

10.6　平行测试

平行测试是自动驾驶系统测试中一种基于 CPSS（Cyber-Physical-Social Systems）理论框架的平行驾驶概念，通过虚拟驾驶员和车辆在 ACP 方法下进行的平行执行来强化人工世界。ACP 方法是人工场景（A，Artificial Scene）、计算实验（C，Computational Experiments）与平行执行（P，Parallel Execution）的组合[6]。

① 人工场景：利用人工场景来模拟和表示复杂的实际场景，采集大规模多样性的虚拟图像和视频数据集，自动生成详细且精确的标注信息。

② 计算实验：通过计算实验进行视觉算法的设计与评估，包括"学习与训练""实验与评估"两种操作模式，计算实验可控、可观、可重复。

③ 平行执行：将视觉系统在实际场景和人工场景中平行执行，进行在线优化，实现对复杂场景的智能感知与理解。

平行测试系统流程英文版参见图 10-8。

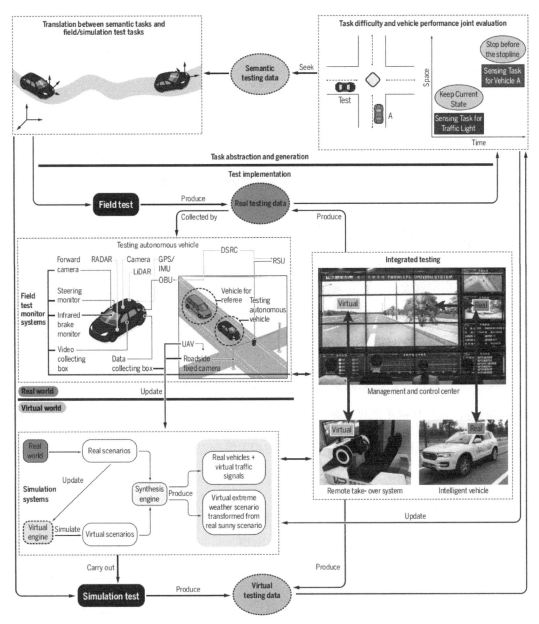

图 10-8　平行测试系统流程英文版

在平行测试系统中，可对自动驾驶系统的感知、决策、控制系统进行测试。首先通过平行场景中的场景生成器生成不同复杂程度的环境；然后加入软件定义的无人车，设定其虚拟硬件与虚拟传感器，使性能服从于真实条件下的测试结果；最后可以针对不同程度的复杂任务进行计算实验，根据实验结果综合打分。

真实准确的路测实验数据往往难以获得，无法通过试错法进行强化学习，而通过计算实验，可在平行系统中获得基于虚拟硬件的真实实验数据，以数据驱动控制算法的学习与训练过程，不断调整优化，得到更稳定、可靠的控制策略与控制算法。

10.7 驾驶员在环

由于汽车自动驾驶工况的复杂性、多变性，目前比较常用的手段是采用虚拟仿真测试方法来弥补场地测试、道路测试的不充分性，而传统的虚拟仿真测试方法只能给出测试的客观数据、逻辑，对数据、逻辑符合性并不能进行主观评价。

驾驶员是最终用户，因此其主观评价也应是测试中的重要环节。驾驶员在环（DiL，Driver in the Loop）测试正是将驾驶员引入汽车测试环节的技术，在原理样车还未开发出来之前，利用参数化或硬件在环技术，对车辆的相关性能进行测试、评价，保证前期设计的正确性、测试的充分性，从而缩短整车开发的周期、节省开发成本[7,8]。

驾驶员在环测试原理参见图 10-9。

驾驶员在环用于自动驾驶测试评价的如下方面。

① 自动驾驶功能与性能测试：配合场景模型及硬件在环设备，在产品设计阶段对自动驾驶的功能与性能进行模拟真实道路场景的测试，并且驾驶员可以对测试过程中所表现出来的性能进行主观评价。

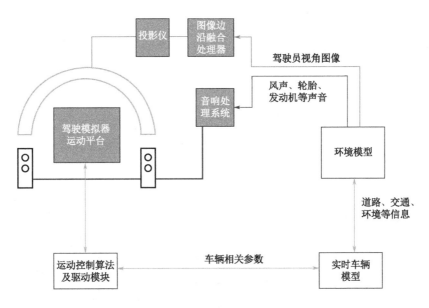

图 10-9 驾驶员在环测试原理

② 人机切换策略测试：在人机共驾过程中，通过对切换时间、舒适性、安全性等的评价，来评估人机共驾策略的合理性。

③ HMI（Human Machine Interface，人机交互界面）系统设计：配合驾驶模拟器中可配置的人机交互界面，在概念设计初期从声音、图像等方面对人机交互界面进行主观评价，尽早发现设计中的缺陷并完善，从而提高设计质量和效率。

④ 驾驶员行为分析：通过给驾驶员穿戴相关的传感设备，可以在自动驾驶的不同交通场景下对驾驶员的行为进行分析，如疲劳、注意力、心跳、压力、焦虑等。

⑤ 耐久性测试：通过建立虚拟的道路、交通、天气等场景，可以对自动驾驶系统进行模拟真实道路的耐久性测试。

10.8 仿真工具链

面向高级别自动驾驶产品的研发，必须以安全为核心，以系统工程为方法，构建多领域、多学科、全过程的仿真工具平台。同时，该工具平台还需要满足多人、多地、大数据并发的应用要求，支持日行百万千米的测试规模，如图 10-10 所示。

图 10-10 仿真工具链的通用架构和基本功能

10.8.1 入口层

入口层提供了统一的企业门户，用户可在不同地点基于公网或专线，访问整个工具链平台和数据资源。

10.8.2 服务层

服务层提供了面向自动驾驶研发全生命周期的业务应用，其主要功能应包括如下内容。

① 系统安全性分析能力：提供基于模型的系统功能定义、ODD分析、架构设计、功能安全分析、预期功能的安全性分析和信息安全分析的能力。

② 场景建模能力：提供对于环境、场景、车辆、传感器的建模能力，从而搭建可用于感知系统、控制算法、闭环仿真的系统模型，同时具备功能级、统计学和物理真实的系统建模能力。

③ 仿真能力：提供贯穿道路环境、交通流、交通事件、车辆动力学模型、传感器模型、自动驾驶算法的开环与闭环仿真能力，同时能满足从模型在环到软件在环到硬件在环的应用要求。

④ 自动化测试能力：提供测试计划的定义、测试任务的分配执行、高性能资源的并行调用、测试结果的自动存储、测试场景的回放等能力。

⑤ 安全性分析能力：提供面向系统可靠性和稳健性的测试分析手段，如参数敏感性分析、DOE（Design of Experiment，试验设计）、形式化验证等方法，并能够对导致感知系统失效的未知场景和边缘场景进行分析和探索。

10.8.3 平台层

平台层提供了对工具应用、云设施、数据、流程和HPC（High Performance Computing，高性能计算机群）资源的统一管理，并提供上层应用的基本服务和组件。

10.9 仿真测试实施规范

汽车自动驾驶仿真测试具体实施过程主要分为以下几个过程：仿真测试需求分析、仿真测试对象分析、仿真测试方案设计、仿真测试方案实施及仿真测试结果评价，如图10-11所示。

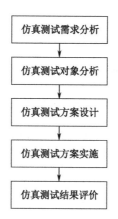

图 10-11　仿真测试实施规范

10.9.1　仿真测试需求分析阶段

该阶段针对自动驾驶算法测试的具体需求，主要包括三个方面：对感知融合进行测试、对决策控制进行测试、对执行效果进行测试。

① 感知融合测试考察算法对周围环境识别的准确性、稳定性等。

② 决策控制测试考察算法根据当前场景所做出反应的正确性、有效性等。

③ 执行效果测试考察自算法与相应的执行机构相互配合的执行效果。

因此，在需求分析阶段需要具体的测试需求，指导后续的测试方案和计划的制订。

10.9.2　仿真测试对象分析阶段

该阶段根据确定的测试需求明确具体的测试对象。从自动驾驶算法开发的完整链条分析，测试对象可以分为：自动驾驶算法模型、自动驾驶单体控制器、自动驾驶系统级零部件、自动驾驶实车。

① 自动驾驶算法模型包括感知识别算法、数据融合算法、目标筛选算法、决策控制算法等，算法模型测试主要验证功能逻辑的正确性。

② 自动驾驶单体控制器则是将算法模型编译和下载到实际控制器中，进行控制器功能逻辑、信号通信等方面的测试验证。

③ 自动驾驶系统级零部件是将自动驾驶控制器及相关感知系统和执行系统加入仿真测试环境中进行综合测试。

④ 自动驾驶实车则是将整个自动驾驶车辆作为测试对象，验证自动驾驶控制器在实车上的综合控制效果。

10.9.3 仿真测试方案设计阶段

该阶段针对不同测试对象进行不同仿真测试方案的设计。

① 针对算法模型时，使用模型在环测试（MIL）：搭建自动驾驶算法所需的仿真车辆模型、传感器模型、道路模型及环境交通模型，为自动驾驶算法构建一个纯虚拟的车辆行驶环境。

② 针对单体控制器时，使用硬件在环测试（HIL）：除搭建与 MIL 测试一样的虚拟模型外，同时还需要搭建控制器硬件正常工作所需的供电系统、通信系统等。

③ 针对系统级零部件时，基本的测试环境与 HIL 类似，不同的是该类测试中测试对象往往还包括真实的传感器及真实的底盘执行系统，因此需要根据真实接入的系统零部件进行相关仿真环境的搭建，如毫米波雷达模拟器、超声波仿真板卡、摄像头暗箱或使用视频注入板卡、驾驶员模拟器等。

④ 针对自动驾驶实车时，仿真测试方案则是整车在环（VIL）：在整车在环测试中，自动驾驶控制器、传感器及执行系统都是真实的，而道路和环境不是真实的。道路模型用转鼓试验台、轴耦合测功机模拟，或者用空旷的试验场地代替。环境交通模型用移动平板小车模拟，或者用模拟器模拟环境交通信号。

10.9.4　仿真测试方案实施阶段

根据设计的仿真方案搭建相关的模型或硬件设备，并进行自动驾驶算法功能的闭环调试，使得自动驾驶算法能够如真实行驶环境中一样触发相关功能，并控制仿真车辆。根据不同的自动驾驶系统功能测试需求，需设计不同的测试场景和工况，并覆盖自动驾驶系统工作的范围，以全面验证自动驾驶算法的功能。

10.9.5　仿真测试结果评价阶段

设计自动驾驶算法在不同仿真工况下的评价指标，从安全、体验、能耗、效率等不同维度综合评估自动驾驶算法的表现。

10.10　小结

针对汽车自动驾驶所处的不同测试阶段，选取恰当的测试仿真方法，将有效提高自动驾驶系统的测试效率与准确性。本章对现有仿真测试手段进行了系统的介绍，并对其适用条件进行了阐述。

参 考 文 献

[1] 张杰. 面向车载信息的大规模数据处理平台技术研究[D]. 成都：电子科技大学, 2016.

[2] 宋吉. 基于软件在环的自动驾驶行为决策系统设计与测试[D]. 哈尔滨：哈尔滨工业大学, 2018.

[3] 钱振天，徐晓轶，谌平平，姚文熙. 基于 Matlab/Simulink 的软件在环仿真技术研究[J]. 电力电子技术, 2016, 50(10):5-7.

[4] 宋世欣. 分布式驱动电动汽车控制策略及硬件在环实验研究[D]. 长春：吉林大学，2015.

[5] 赵祥模，承靖钧，徐志刚，王文威，王润民，王冠群，朱宇，汪贵平，周豫，陈南峰. 基于整车在环仿真的汽车自动驾驶室内快速测试平台[J]. 中国公路学报，2019，32(06):124-136.

[6] Li L, Wang X, Wang K, et al. Parallel testing of vehicle intelligence via virtual-real interaction[J]. ence, 2019, 2019(28).

[7] 陈炜. 基于驾驶员在环仿真平台的车辆路径跟随模型研究[D]. 长沙：湖南大学，2014.

[8] 胡宏德. 基于驾驶员在环的EPS测试平台的开发与研究[D]. 合肥：合肥工业大学，2014.

第 11 章

数字孪生技术在自动驾驶测试中的应用

朱西产[1] 张 帆[2] 陈君毅[1]

(同济大学 汽车学院[1] 北京五一视界数字孪生科技股份有限公司（51WORLD）[2]）

11.1 引言

　　此案例是北京五一视界数字孪生科技股份有限公司在自动驾驶车辆测试领域的应用，运用数字孪生技术解决了自动驾驶车辆测试的可测试工况数量少、缺少接近真实环境的复杂交通场景、复杂实验准备执行的效率低，并且评价维度具有局限性、无法全面验证车辆安全性的问题。针对汽车自动驾驶新功能更多的基于软件算法开发与基于场景测试的特点，数字孪生技术通过把车辆从设计与测试阶段到车辆交付客户后运行阶段的全生命周期数据关联到一起，实现对软件迭代升级的实时问题诊断，对测试框架的适应性更新。本案例目前处于试点应用阶段，是集中于封闭测试场的解决方案。未来随着该技术的不断成熟，伴随着智慧交通的数字化基础建设与车用无线通信网络的完善，数字孪生技术将更好地服务于车路协同与自动驾驶开放道路的运营管控。

11.2 案例背景及基本情况

11.2.1 自动驾驶测试的行业刚需

2015年，我国首次提出了智能网联汽车概念，明确了智能网联汽车的发展目标。受国家制造强国战略咨询委员会和工业和信息化部委托，由中国汽车工程学会在2016年10月发布《节能与新能源汽车技术路线图》，其中包含《中国智能网联汽车技术路线图》的发布，《中国智能网联汽车技术路线图》确定了智能网联汽车的定义、技术构架、发展目标路径与重大创新优先行动项，并指出，测试评价是智能网联汽车基础支撑技术之一。其中，自动驾驶车辆测试和试验的基础关键技术，是未来行业定义汽车自动驾驶相关开发流程与技术准入标准的基础工具，"技术路线图 2.0"将在2020年底发布更新。2020年，国家发展与改革委员会联合其他十大部委印发了《智能汽车创新发展战略》（以下简称《战略》）。《战略》中再次对智能汽车测试评价技术、特定场景应用、示范区建设与评价等做出了明确的部署。《战略》中提出要完善测试评价技术，建立健全智能汽车测试评价体系及测试基础数据库；重点研发虚拟仿真、软硬件结合仿真、实车道路测试等技术和验证工具，以及多层级测试评价系统。由此可见，汽车自动驾驶的测试评价已成为汽车技术开发、功能验证过程中不可或缺的环节。

各国政府都在努力推动智能网联汽车的发展。传统车企与高科技企业积极响应，从不同路线研究与发展自动驾驶技术。确保车辆的行驶安全是全行业的共同目标，智能网联汽车发展的首要动力是安全。研究显示，90%的碰撞事故是由人类造成的错误导致的，而通过自动驾驶技术则可能减少由人类因素导致的交通事故，从而极大地减少道路交通事故死亡。但对于采用未经充分验证的算法与硬件集成的自动驾驶汽车，其在公共道路的测试极易引发致命的交通事故。智能算法将替代驾驶员成为驾驶责任主体，车辆将面对复杂的交通、环境及数据。车辆具备更强的、更复杂的感知、决策、通信及计算能力，因此对驾驶的安全性提出更高要求。自动驾驶事故促使各国车辆技术监管机构提高了警惕，开始慎重审视在公共道路上进行的自动驾驶道路测试。在我国至今未允许企业在公共开放的高速公路进行自动驾驶测试工作。

自动驾驶分级与责任转移引起的内、外部多重风险来源参见图 11-1。

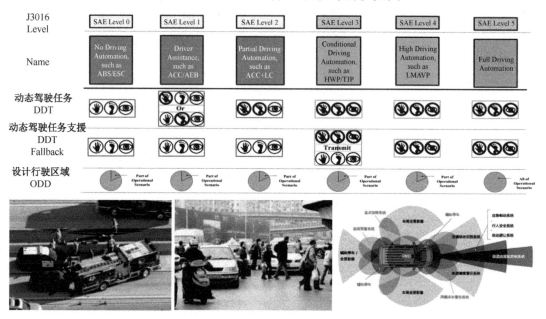

图 11-1 自动驾驶分级与责任转移引起的内、外部多重风险来源

为解决实际道路测试问题，国家与各地区积极投入资金建设一批封闭测试场地，并有条件地开放了若干指定道路与区域。全国多省市出台自动驾驶测试管理规范，发放测试牌照，允许测试车辆在有限的区域内进行测试。相比旺盛的测试需求，国内自动驾驶测试场地数量有限，且测试场的测试能力远远无法满足企业研发与商业化测试的要求。各地区出

台的测试规范均提出在地区指定的封闭测试场进行测试，以便取得牌照。对测试来说，最精确的环境无疑是进行实车测试，而实车测试存在测试时间、人力、场地等成本高、变换不同场景费时费力、有人参与的情况下安全较难保证、随机因素多、可重复性低等问题。全部采用实车测试方法在客观上减缓了技术迭代发展速度，也影响了产业发展。

随着市场需求的明确与自动驾驶系统的研发与测试技术迅速发展，尽管 SAE L3 级别自动驾驶技术无法短期实现大规模量产，但是在特定区域限定场景下的 SAE L3 与 SAE L4 级别自动驾驶功能的商业化落地已迫在眉睫。例如"自动代客泊车"、"交通拥堵自动驾驶"等自动驾驶功能将在更多的量产化车型中得到应用。很多与主动安全相关的传感器与控制器被研发出来，这些系统将对车辆进行不同程度的干预，因此，需要对这些智能化系统整体性能进行充分的测试。但业界仍未就如何在现实世界中进行安全性测试达成一致。因为未知的危险交通场景难以穷尽，所以基于场景的实车测试方法存在技术瓶颈。由于无法进行充分的道路测试，需要投入的时间和费用也不能承受，所以行业普遍共识是需要基于计算机仿真技术对自动驾驶系统进行虚拟测试。

11.2.2 数字孪生技术更适合汽车自动驾驶的测试

汽车自动驾驶可采集海量的道路感知数据，并以此为基础对算法进行有效训练。为了尽量多地采集数据，汽车制造商往往通过几十台，甚至数百台路测车辆来解决实际场景数据收集问题。尽管自动驾驶虚拟测试里程的长短可以作为一项简单易懂的测评指标，但是如果脱离了具体交通场景，里程本身不足以成为一项有效的衡量指标。典型场景与危险场景往往不会随着测试里程增多而持续增加，很快会显示出长尾效应，路试后期很难短时间收集到更有价值的场景。另一个事实是各国的交通环境显然有着巨大的差异，甚至各地区的道路环境与交通习惯也存在较大差异性和多样性。车辆只有在真实的运行环境中，才能积累足够丰富而多样的挑战场景，才能使训练与测试具备真正的价值，使得算法可以更好地适应本地独有的交通环境和驾驶规则。如何从广泛的公开道路车辆运行中不断提取出复杂多样的交通场景复现至测试流程中，成为测试评价系统面临的实际问题。行业需要形成一种具有高度开放与灵活的测试验证环境，支持各类自动驾驶算法验证测试，为自动驾驶相关研究机构、企业提供开放测试服务。

数字孪生技术为解决汽车自动驾驶测试的难题提供了全新的方案。首先，基于物理的数字模型与仿真工具已经在汽车行业的研发设计与自动化生产过程中被广泛应用。车辆数据通过大量的车载传感器与通信设备上传至物联网数据平台，数据的获取从产品与制造阶段自然延展到车辆的使用与运营阶段。因此，收集基础数据并不断积累提取实际场景已成为现实。这些长期积累的测试场景迁移至测试场管理平台用于自动驾驶的测试评价。其次，V2X车用通信技术迅速发展，使数据无阻碍地在车辆与测试场道路之间双向流动。在测试场内的车辆的实验测试数据不但可以实时上传至测试场的管理平台，待测试方案的实验条件也可以从测试场的管理平台下发至测试场内的车辆和设备，进行反向控制，使实验的全过程实现了实时双向映射。最后，根据真实数据进行虚拟车辆测试的重构，在虚拟场景中真实测试，进行全过程复现，因此测试人员可以对测试结果进行主观、客观评估；同时，数字孪生技术实现了虚实结合的整车在环测试。在实车测试场景中以信号的虚拟注入方式，通过V2X输入给整车控制器，同时车辆实时状态数据也实时反馈到虚拟场景，从而实现自动驾驶车辆在真实测试场道路上对不同的复杂虚拟场景进行测试评价，如图11-2所示。

图 11-2 虚实结合的整车在环测试示意图

11.3 系统框架

11.3.1 自动驾驶测试的数字孪生系统总体框架

数字孪生是充分利用物理模型、传感器更新、历史测试与行驶等数据，集成多学科、多物理量、多尺度、多概率的仿真过程，在虚拟空间中完成物理实体的映射，从而反映相对应的实体装备的全生命周期过程。针对自动驾驶测试的行业应用特点，数字孪生系统总体框架如图 11-3 所示。

数字孪生系统分为物理实体域、感知与控制域、数字孪生域与用户域四层。① 物理实体域具体包括以下几个方面：自动驾驶测试车辆主体、车载传感器与控制器、决策控制算法等；参与测试场景组成的遥控测试目标车辆、道路使用者模型与障碍物、交通灯等；封闭测试场道路结构、道路标志标识、道路周边绿植与建筑环境、测试场地的天气条件等。② 感知与控制域主要包括车辆测试用各类传感器与车载数据记录仪等、车载仿真计算机、基于 C-V2X 的无线通信设备、路侧边缘感知与计算单元（RSU）、交通信号控制器、遥控测试目标单元控制系统（驾驶机器人或牵引底盘系统）等。③ 数字孪生域主要包括具备仿真物理模型、能连接实体测试数据的虚拟仿真数字孪生体、测试评价管控系统、车侧与路侧物联网设备的数据交换接口、测试场景库与数据库等。④ 用户域指测试专家，仿真计算集群与驾驶模拟器等设备。

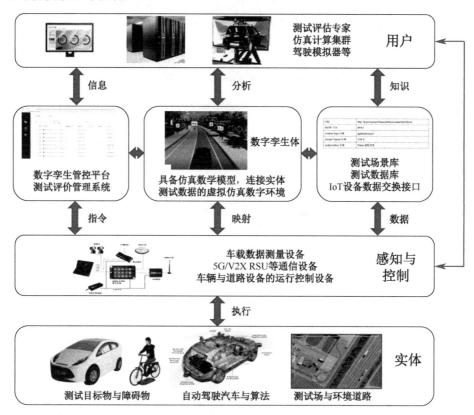

图 11-3　数字孪生系统总体框架

以上各域之间相互关联。感知与控制域通过各类型传感器对物理实体域进行数据采集与行为监控，物理实体域通过感知与控制域中的控制系统对物理实体执行控制；感知与控制域使数字孪生域可以精确地复制来自真实实验环境与状态下的虚拟映射，数字孪生域通过虚拟信号注入方式给感知与控制域提供实验数据并传输指令等；用户域可以通过仿真计算集群为数字孪生域提供复杂的虚拟场景信息，数字孪生域为用户域提供真实测试评价的

数字孪生技术在自动驾驶测试中的应用 第11章

管控平台。

11.3.2 数字孪生测试原理

汽车自动驾驶数字孪生测试系统要求对整车测试数据的场景虚拟重构，并在虚拟场景中通过物理仿真工具对测试对象与流程进行全过程复现，对测试结果进行分析与评估；同时，在实车测试场景中对测试实体进行全过程信号虚拟注入，以整车在环方式将车辆状态数据实时反馈到虚拟场景控制器中，从而实现自动驾驶车辆在真实道路上对不同的虚拟场景进行测试验证。

汽车自动驾驶数字孪生测试技术按通信方式的不同可以分为两种不同的类型：移动式数字孪生测试技术和集中式数字孪生测试技术。移动式数字孪生测试技术，仿真模拟系统是搭载在被测的自动驾驶车辆上，随着测试场景的执行，仿真模拟系统随着车辆在空间中移动。移动式数字孪生测试技术在实际测试过程中，仿真系统与被测对象之间通过有线网络互联，彼此交互大量信息。集中式数字孪生测试技术，仿真模拟系统集中部署在边缘计算服务集群内，通过 C-V2X 无线通信方式与被测对象进行信息交互，交互信息的容量受限于所采用的无线通信模式。

基于整车的数字孪生测试系统充分结合了 XiL 在环仿真测试与实车测试的优势，通过仿真软件生成虚拟测试场景，将虚拟传感器探测到的场景信息注入算法控制器中，进而控制实际车辆的运动状态。以移动式数字孪生测试为例，将 ADAS/AD 算法控制器置于真实车辆中，同时通过实时仿真机及仿真软件模拟道路、交通场景和传感器信号，并将真实车辆置于其中，从而构成完整测试环境，如图 11-4 所示。数字孪生测试可实现 ADAS/AD 算法在各仿真场景中的功能验证。

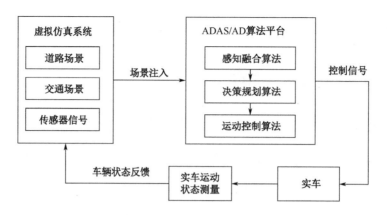

图 11-4 数字孪生测试原理

测试流程如下。

① 实时仿真机仿真模拟交通环境。

② 接收汽车定位装置获取实车的第一运动状态信息。

③ 依据第一运动状态信息模拟交通环境，计算出控制器传感器信号。

④ 发送控制器传感器信号至实车内的被测控制器。

⑤ 获取被测控制器针对控制器传感器信号输出的控制信号、实车控制器响应控制信号后输出的信号，接收实车的第二运动状态信息和交通环境等信息，作为被测控制器的性能测试的分析依据。

11.4 案例特点

11.4.1 测试场景广，速度快且成本低

数字孪生测试技术赋予了自动驾驶测试评价方法更丰富、更全面的测试场景来源，更大程度地覆盖了自动驾驶功能安全等多重测试范围。通过智慧交通与车路协同的逐步部署，来源于车辆使用全生命周期内的场景可以被不断提取，并应用于迭代测试，如智能网联车

辆（ICV）运行数据库、车联网（V2X）运行数据库、智慧交通（ITS）运行数据库。这些基于历史运行数据产生的场景，还被二次加工提炼，为边缘工况案例库、人机交互评价案例库等典型测试场景提供大数据基础。

数字孪生测试技术提升了试验场的整体测试效率，减少了不同测试场景切换的准备周期。通过 5G 通信技术建立的更加快速的数据连接通道，被测试车辆与复杂测试环境之间的数据形成闭环反馈链条，并可以完成即时交换。例如，V2X 虚拟信号注入的方式可以让被测试车辆在一次测试中连续进行多项整车在环测试，而不必每次单一工况测试完毕后，再回到起始位置重新准备新的测试项目。同时，车辆运行与测试结果通过网络可同步上传至测试管理评价系统，执行自动化、批量化的数据分析与性能评价工作。

数字孪生测试技术降低了试验场的整体测试成本，减少了部分价格昂贵且操作复杂的目标车控制系统与测试背景车的购置数量。虚拟信号注入整车的测试方式，对创建复杂交通环境的工况也有成本优势。通过数字孪生域仿真计算在虚拟环境中创建更多的混合交通流、复杂气候条件，解决了测试场无法组织大规模复杂交通流的工况测试问题，同时减少了危险事件的发生概率。另外，数字孪生测试还可以方便地重复同样的测试条件，保证多次试验一致性的成本显著降低。

11.4.2 实现虚实映射，分层测试评价

数字孪生面对被测试车辆、测试场地环境与测试场景进行了全面的数字化映射，测试全过程的动态实时数据在实体与仿真模型之间形成双向流动与信息的闭环反馈。被测试整车系统中，各类传感器向数字孪生系统不断实时更新数据，数字孪生系统通过多层数学仿真模型计算输出虚拟环境与其他车辆的交互变化，被测试整车根据仿真模型信号注入给车载计算平台并执行下一步行动，最终完成测试与评估工作。

数字孪生的信号数据在车辆系统的多个层级中同步交换，混合了真实数据与仿真计算数据。感知、决策与规划、控制模块既可以独立进行数字孪生测试，也可以在系统级和整车级做集成式测试。整车在环测试中可以采集获取真实的车辆输出了动力学响应数据，包括真实的感知硬件、车辆总线与车载计算平台，最终提供决策规划控制的实时结果。在硬件在环测试中可以复用这些真实数据，修正动力学仿真简化模型，加入总线控制器对信号时序的影响因素，可在实验室内对算法或硬件进行测试评价；在硬件在环测试中得到真实数据结果，并与场外验证进行交叉验证。在软件在环测试中进一步利用真实数据及修正的仿真简化模型，建立精度可控的降阶模型，可对各个独立的算法进行回归测试。不同分层的数字孪生测试下，多物理仿真模型的融合帮助数字孪生系统搭建得更复杂、更准确。

11.5 实施步骤

基于虚拟仿真与真实环境相结合的数字孪生自动驾驶测试系统，集成仿真测试工具、C-V2X通信设备、真实测试车辆等功能单元，实现在有限资源条件下开展虚拟复杂场景的自动驾驶实车测试验证。该系统实施分为如下步骤：建立数字孪生子系统，建立测试评价管理子系统，建立测试场景数据库子系统，建立V2X通信子系统，建立场地测试感知与控制子系统。由于本案例篇幅有限，仅介绍数字孪生子系统和测试评价管理子系统的实施步骤。

数字孪生自动驾驶测试系统的主要组成部分参见图11-5。

数字孪生技术在自动驾驶测试中的应用 第 11 章

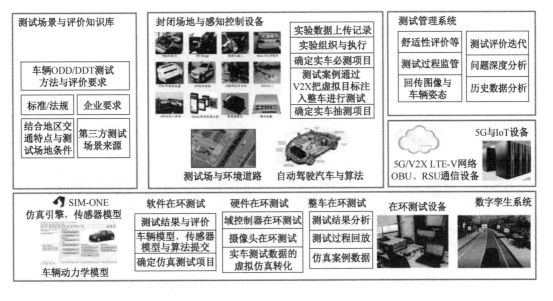

图 11-5 数字孪生自动驾驶测试系统的主要组成部分

11.5.1 数字孪生子系统

1. 搭建虚拟仿真平台

数字孪生系统的核心之一是建立实体的数字化映射。这首先需要选择适合的工程虚拟仿真软件作为基础平台。它包括车辆动力学、传感器物理模型，道路与场景环境的三维建模，交通流与智能交通体的数学模型，集成软件算法接入，多系统的耦合，并对模型进行计算与结果分析。典型的自动驾驶仿真平台系统组成如图 11-6 所示。

通过虚拟仿真平台系统，1∶1 还原测试场的虚拟数字道路，并配置与被测试车辆一致的动力学参数，各类型的传感器配置与参数，接入感知规划决策算法，1∶1 还原自动驾驶车辆模型。由于真实测试系统内包含复杂子系统，在数字孪生 1∶1 建模过程中需要选取适合的物理模型并进行合理简化。道路与车辆模型的精度与数据格式方面，需要与真实测试要求匹配。这样可以保证车侧与路侧传感器收集的数据可以准确映射到仿真模型系统中，形成数字孪生系统。根据数字孪生测试技术不同的通信方式，数字孪生系统可以选用车载工控机固定在被测试车辆上，也可以选用边缘计算服务集群部署在外场，通过C-V2X通信。统一的高精地图、定位与系统授时是数字孪生系统的运行基础。

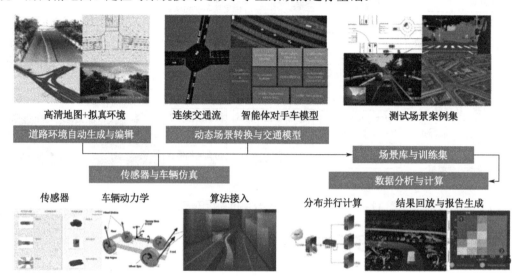

图 11-6　自动驾驶虚拟仿真平台系统

2. 数字孪生测试场景库建设

对于实际测试场，通过测绘重建的方式，根据点云或地图影像等真实数据还原兼具地理精度和真实感的数字孪生环境。在该环境中可以自由地配置全局交通流、独立的交通智能体、对手车辆、行人等元素来构建动态场景，结合光照、天气等环境的模拟来呈现丰富多变的虚拟环境。

虚拟仿真测试与测试道路参见图11-7。

数字孪生测试场景库是由满足某种测试需求的一系列自动驾驶测试场景构成的数据库。单个测试场景包括静态场景与动态场景。静态场景通常包括道路设施、交通附属设施、周边环境等；动态场景通常包括交通管理控制、机动车、行人与非机动车等。根据测试需求,选择的测试场景应能在统计学上覆盖现实交通中部分典型现象,从而在某种程度上替代对应的道路测试场景。场景库中的场景应分类明确,支持快速检索与调用。构建场景库需要选取对自动驾驶具有挑战性且在现实中有一定概率出现的场景。如果场景的统计学意义难以精确估算,往往很难有力说明场景库与实际路测里程的确切关系。

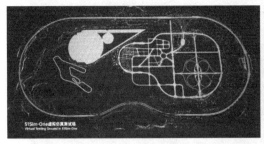

图 11-7　虚拟仿真测试场与测试道路

构建虚拟场景库可以采取几种典型的实施方法。

① 一般对应 SAE L2 级,采用标准法规场景,参考 GB\ISO\Euro-NCAP\ECE\NHTSA\SAE\等构建的 AEB、ACC 等功能测试场景库,满足 ADAS 功能的测试需求。涵盖 AEB、FCW、ACC、LDW、LKA 等功能性测试;对应 SAE L3 级及以上级别的自动驾驶功能,有以下更多的方法。

② 通过对自然驾驶场景的采集,对不同自然条件、不同道路类型、不同交通参与者、不同环境类型进行组合,构建测试用例。

③ 通过对大量的交通事故进行分析,可归纳出一些更具有典型性的交通事故场景,还原整理出针对十字路口、直行道路等路段产生的事故场景,把场景中的事故车辆替换为主车即可仿真事故场景。

④ 使用场景泛化的思路,对场景里的各场景要素进行参数化,并在参数的合理取值范围内,经过参数随机组合(或对参数空间按概率分布随机采样)来泛化生成大量新的场景。

⑤ 利用蒙特卡罗算法，减少日常驾驶中没有发生事故的数据，用发生了危险事故的数据进行取代，实现人类驾驶员与汽车自动驾驶之间数据高频率交互。

场景库边缘数据库虚拟仿真案例参见图11-8。

图11-8　场景库边缘数据库虚拟仿真案例

3．搭建场景注入平台

安装虚拟仿真系统的数字孪生平台搭载在被测的自动驾驶车辆上，或安装仿真模拟系统在室内的数字孪生平台，用以太网接口与OBU互联。之后，利用有线或V2X通信方式将车辆自身位置和姿态等数据回传至数字孪生平台，数字孪生平台将虚拟仿真系统中根据摄像头模型、毫米波雷达模型、激光雷达模型、V2X模型等不同模型生成原始信号，把原始信号中的各类基本测试数据注入整车控制器，以实现"从虚到实"传感注入和"从实到虚"控制反馈的虚实互动闭环自动化测试。

复杂交通流与 V2X 车路协同的虚拟场景参见图 11-9。

图 11-9 复杂交通流与 V2X 车路协同的虚拟场景

11.5.2 数字孪生测试评价管理子系统

搭建数字孪生测试评价管理平台系统，集成数字孪生虚拟场景、高精地图、实验管理系统、数据记录与展示系统、实际测试监控系统等。整个系统搭建分为三个层次：用户交互、数据管理层和数据存储层。用户能够通过平台对测试任务进行流程化的管理，覆盖测试的创建、运行、完成、生成测试报告整个生命周期。用户能够在展厅与监控中心等环境下实时监测实验过程、车辆实时数据等信息。系统同步存储数字孪生的仿真与真实测试数据，包括主车行驶轨迹、主车所有感知数据与决策规划控制数据、虚拟仿真对手车行驶轨迹、仿真触发事件、测试场监控视频数据、结构化测试数据等。

数字孪生测试监控一体化平台参见图 11-10。

图 11-10　数字孪生测试监控一体化平台

评价是测试流程中的最后阶段。设计该评价模块，要求导入外部实际测试数据，同时导入虚拟仿真测试数据。通过对比数字孪生系统测试与真实物理测试的结果差异，实现自动驾驶车辆算法与功能的自动化评测。系统还需要对以上自动化测试数据与评价指标进行积累与二次聚合，最终形成动态更新的自动驾驶测试评价数据库。

11.6　案例成效和意义

11.6.1　积累关键技术研发的无形资产

测试评价是汽车自动驾驶基础的支撑技术之一。其中，自动驾驶系统计算机仿真是自动驾驶车辆测试和试验的基础关键技术，也是未来行业定义自动驾驶车辆相关开发流程与技术准入标准的基础工具。仿真测试与真实物理测试构成相互结合的有机整体，两者缺一不可。数字孪生给自动驾驶测试评价提供了新方法。

数字孪生贯穿产品的研发与使用生命全周期，从产品概念选型到产品运行数据收集与系统升级，数字孪生测试评价所产生的产品数据库、测试数据库、测试场景库、评价指标库、评价报告库等，均积累并迭代成为技术开发人员的知识体系。数字孪生不但帮助实现产品的安全性与稳定性，而且帮助企业积累设计流程、工程经验与数字模型等宝贵的无形资产。

11.6.2 保证车辆安全上路

数字孪生测试评价技术可以帮助认证机构完善对汽车智能化软件产品的认证流程与监督方法，尤其是从测试技术上，可以弥补目前偏重实车路试的不足。通过完善虚拟仿真的海量自动化测试流程，结合有限标准实车测试，不但可以增加测试工况范围和复杂程度，还可以对其零部件、子系统与整车集成进行不同层级的全链条测试。通过数字孪生，虚拟测试环境，以便及早发现实车测试不易甄别的软件故障，作为实车测试的前提条件，从而提高自动驾驶封闭测试区和示范区测试的安全性，节省测试的时间与成本。

数字孪生通过大数据与云计算平台，记录车辆运行真实数据和软件算法的决策过程，自动驾驶车辆运行全生命周期中的实时数据。当车辆获得认证许可后，数字孪生平台用来存储车辆实时行驶数据，收集并分析车辆遇到的危险工况并作为检测车辆感知决策执行系统的依据。一方面用于检验产品的故障原因，另一方面提供产品的优化数据，从而保证汽车产品质量的安全可靠与持续升级，最终形成更为科学、有效的功能测试方法和产品性能评价指标。

11.7 数字孪生产业发展现状

近年来，具备汽车自动驾驶测试评价的实验场如雨后春笋般建立，其主要目标是开展在特定区域汽车自动驾驶的测试及示范应用，验证车辆环境感知准确率、场景定位精度、决策控制合理性、系统容错与故障处理能力。针对自动驾驶技术的试验测试与评价也催生了数字孪生技术的场景应用需求。

随着 5G 商用部署和新一代车用无线通信网络的逐步建设，以及道路基础设施的数字化升级，在重点地区和路段已经具备超低时延、超高可靠、超大带宽的 5G 无线通信和边缘计算服务。基于交通设施部署的窄带物联网，车载与路侧 IoT 感知设备的广泛应用，统一通信接口和协议，目前已经逐步建立起规模化的交通信息采集传输网络和多维监控设施。同时，高精度的时空基准服务和自动驾驶高精地图服务，共同构建了"人－车－路－云"系统协同开放的自动驾驶车联网运行体系。这些因素共同推动了数字孪生技术在自动驾驶车辆测试的落地实现。

目前，车辆测试场与实验室，实验设备与流程，主要应对部件在环测试、整车在环测试与实车道路测试。而针对自动驾驶车辆以不断迭代的软件与智能感知设备与计算芯片为测试目标、以场景为测试手段的新型测试需求，现有测试场和实验室还缺乏虚拟仿真测试工具、覆盖测试场的通信系统、统一的时空数据等展开数字孪生测试的必要软件、硬件，缺少一体化测试评价系统和实践经验。对数字孪生测试评价的研究与尝试亟待展开。

11.8 数字孪生应用存在的挑战

数字孪生技术在自动驾驶测试评价的应用需要面对以下三方面的主要挑战：① 如何有效处理暴增的数据。面对来自真实世界传感器涌入的实时大数据，尤其是对真实对象的细节化感知，意味着数字孪生技术需要对多种数据源进行自动化处理。其中，涉及原始数据的远程存储、数据的本地与边缘清洗与融合、数据实时双向同步流动，数据的身份认证与网络安全等多方面的挑战。② 一个具备完全细节的 1∶1 数字孪生系统，理论上不可能一次性构建,那么就需要对模型进行分层的简化。根据测试目标、测试需求精度,对实体进行不同维度的建模。同时,数字孪生平台须即时计算出测试场景互动信息,并把仿真结果反馈给真实的测试目标车辆。这个快速计算并反馈的过程,需要借助仿真技术、并行计算、边缘计算与 V2X 通信等不同类型技术的融合。③ 数字孪生技术引入的感知测试大数据与正确的测试流程与评价之间,并不存在必然的因果关系。正确的决策是超越数据的。只有研发人员与测试工程师精心设计的实验,对模型和数据结果进行合理的验证与判断,才能最终做出正确评价。

11.9 小结

数字孪生测试评价技术的探索式应用,将把实验室与测试场内的基于物理的虚拟仿真与在环测试推展到车辆运行数据侧的处理与分析评价。数字孪生技术还可以使单车的智能化测试评价推展到多车交互测试评价、车路协同测试评价和智慧交通混合模式下的测试评价。

接下来还将探索"测试即服务(Testing as a Service,TaaS)"的发展理念。根据数字孪生技术的应用建立起在线检测监控能力,集成软件、分析、预测、预警等检测监测服务和解决方案,对汽车自动驾驶的智能化和行驶安全性的提升提供实时服务。服务也将走出测试场到真实的道路中。数字孪生平台未来还可以继续扩展,为自动驾驶车辆客户、车企、出行服务公司、保险公司、产品安全运行监管机构等提供实时映射的车辆数据,实时监控检测车辆状态并提供应急响应等云端智能化服务。

参考文献

[1] 中国制造 2025. http://www.gov.cn/zhuanti/2016/MadeinChina2025-plan/.

[2] 节能与新能源汽车技术路线图战略咨询委员会，中国汽车工程学会. 节能与新能源汽车技术路线图[M]. 北京：机械工业出版社，2016.

[3] 冯屹，王兆. 自动驾驶测试场景技术发展与应用[M]. 北京：机械工业出版社，2020.

[4] 陈慧岩，熊光明，龚建伟，姜岩. 无人驾驶汽车概论[M]. 北京：北京理工大学出版社，2018.

[5] 宋珂、魏斌、朱田. ADAS 及自动驾驶虚拟测试仿真技术[M]. 北京：化学工业出版社，2020.

[6] FADAIEJ. Thestateofmodeling, simulation, anddatautilizationwithinindustry: Anautonomousvehiclesperspective[J]. ArXiv, 2019, abs/1910.06075.

[7] HONGLIW, PANCW, ZHANGR, etal. Aads: Augmentedautonomousdrivingsimulationusingdata-drivenalgorithms[J]. ScienceRobotics, 2019, 4.

[8] 陈根. 数字孪生. 北京：电子工业出版社，2020.

[9] 中国电子技术标准化研究院. 信息物理系统（CPS）典型应用案例集. 北京：电子工业出版社，2019.

[10] 交通新基建：华为 5G+C-V2X 车联网解决方案. http://www.chuangze.cn/third_down.asp?txtid=1549.

第三部分

行业篇

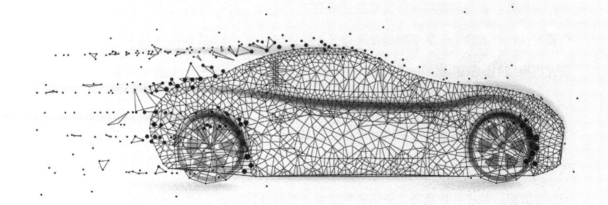

第12章

汽车仿真测试行业标准与应用

赵 帅[1] 周博林[1] 陈 蒇[1] 王赟芝[1]

（中汽数据有限公司[1]）

12.1 引言

在世界范围内，众多国家针对汽车自动驾驶及相关功能有着不同的政策策略及法规。欧洲联盟（简称欧盟）认为，以协作、网联、自动为特征的出行模式是未来的交通系统发展趋势，但在智能网联汽车落地的整体策略上，态度相对保守。美国发展智能网联汽车拥有产业优势，参与仿真测试研发的企业涵盖芯片技术、算法开发、系统集成、电信运营、仿真测试、电子设备、整车制造及信息服务等领域，并且全部为本土及国际高精尖企业及研究机构。日本方面，政府非常重视智能网联汽车的研发与应用，并认为加快 SAE L3、SAE L4 级别汽车自动驾驶的研发需要国家级场景库协助支持。

各国及地区在仿真测试技术发展路线上都形成了跨领域、跨行业的合作共赢模式。欧盟大力推进各成员国、各企业机构之间的协调统一、成果共享。美国与日本企业组建跨国、跨行业联盟，发挥各自优势，分担研发成本。尤其是仿真测试区域，日本以 JSAE，JARI 为主导，以日本所有主要整车厂为合作对象，以 ASAM-Japan 为运营主体，形成了全国范围内的 ASAM Openx 系列仿真标准支撑，为我国标准支撑模式提供了模板。我国智能网联仿真测试产业发展迅速，技术创新活跃，产业规模不断扩大，但也存在顶层设计欠缺、部分关键核心技术缺失、标准法规滞后等问题。我国拥有全球最大汽车市场、强大的信息通信产业及完备的计算机科学人才等良好基础，积极扩充合作和行业联盟有助于跟上国际合作潮流。

12.2 仿真测试行业国际标准

随着自动驾驶技术的发展，具备自动驾驶功能的汽车已经逐渐成为研发热点，世界各国均针对自动驾驶制定了相应的战略方针，系统安全性是当前国际法规研究的重点。在联合国层面，联合国世界车辆法规协调论坛（WP29）成立了汽车自动驾驶工作组（GRVA），该工作组正在进行自动驾驶相关安全法规的制定。在 GRVA 子工作组 VMAD 自动驾驶安全验证方法中，形成了以道路测试、场地测试、仿真测试、审核与验证、交通场景等为支撑的多支柱验证方法，且提出了自动驾驶全新评估和测试方法（New Assessment/Test Method for Automated Driving，NATM），对每个支柱进行描述，包括它们的优缺点及如何应用它们的方法；如何应用各支柱来验证/测试特定的功能需求，仿真及虚拟测试逐渐成为被国际认可的自动驾驶功能验证中必不可少的一环。2020 年，中国作为联合主席成员国，参与起草 GRVA 子工作组 FRAV《自动驾驶车辆的通用功能性要求草案》，重点描述了应用于自动驾驶车辆的针对功能的性能需求。此草案从系统安全、设计运行域、故障保护响应、目标事件检测和响应、人机交互界面及操作员信息等方面提出了对自动驾驶功能安全的要求。

2020 年 6 月，联合国世界车辆法规协调论坛（WP29）通过了世界上首个针对 SAE L3 级自动驾驶车辆有约束力的法规——UN Regulation on Automated Lane Keeping Systems

（ALKS），此法规自 2021 年 1 月开始正式生效。此法规规定了自动驾驶车辆开启自动车道保持功能的具体需求，以及移交条件及干预条件。其中，重点约束了车载显示器、人机交互条件、驾驶员车辆控制权移交、驾驶员没有做出正确判断后的系统退出机制等。牵头此法规的国家为日本和德国，通过此法规后，日本、法国、荷兰及加拿大等国家已经确立了此法规与当地法规的生效关系，英国同样承诺在预设定的 483 千米公开测试道路上及相关区域进行相应测试。

同时，此法规着重描述了此自动驾驶功能与多支柱法之间的关系，提出了具体的道路测试、场地测试、仿真测试，审核与验证具体的映射关系，进一步确立了多支柱法中之前条件的交互关系。此外，针对安全及相应问题，提出了以下几点要求。

① 发生碰撞情况下的紧急情况的处理机制，需要利用仿真进行相应测试。

② 系统失效条件下，要求驾驶员取回控制权及相应条件。

③ 提出系统移交条件及驾驶员无回应时的系统保护的风险条件。

④ 安装车辆驾驶员就位识别系统，识别驾驶员就位及其控制意图识别。

⑤ 车辆车载自动驾驶信息存储系统及其相应的信息记录机制。

⑥ 车辆出售前车辆性能及表现需求声明，提出配备此功能车辆的表现需求及后续保养需求等。

此法规的发布，对国内自动驾驶标准法规的制定具有借鉴意义。

在整体仿真测试领域，各国逐渐认识到仿真场景库的重大意义，如何完成各自场景数据的交互与共享，统一的数据格式与平台至关重要。各国逐步认识到此项内容的重要性，从国际与国家层面逐步疏通相应研究内容，着重立足于可共享的仿真场景格式。

国际标准化组织（International Organization for Standardization，ISO）于 2018 年正式成立 ISO/TC22/SC33/WG9 汽车自动驾驶测试场景国际标准制定工作组（以下简称 WG9 工作

组），制定自动驾驶测试场景相关标准。WG9 工作组由中国牵头，全国汽车标准化技术委员会秘书处王兆作为召集人，这是我国在 ISO/TC22（道路车辆委员会）范畴内首次承担国际标准工作组（WG）召集人职责，是我国在汽车国际标准化方面迈出的重要一步。WG9 工作组下一步工作重点是形成现阶段工作情况报告，尽快制定完成和发布该系列标准，为国际相关标准法规及产业应用提供支持。

WG9 工作组已于 2019 年通过了四项标准及一项预留标准的立案，具体标准如表 12-1 所示，其中，ISO 34505 "基于场景的自动驾驶系统的评测体系" 为预留草案。

表 12-1　WG9 工作组研究内容

编号	内容	牵头国家
ISO 34501	自动驾驶系统测试场景术语与通用信息	中国
ISO 34502	基于自动驾驶车辆安全认证为目的的场景工程框架设定	日本、德国
ISO 34503	自动驾驶系统的设计运行域分类	英国、日本
ISO 34504	场景特征及场景分类定义	德国、荷兰
ISO 34505	基于场景的自动驾驶系统的评测体系	中国、英国

在 ISO 测试场景的标准制定过程中，全国汽车标准化技术委员会智能网联汽车分标委（SAC/TC114/SC34）依托自动驾驶测试场景国际标准制定支撑专家组为草案的制定等工作提供了有力支撑，并组织行业专家启动 ISO 场景标准的国标转化研究工作，建立 ISO 各项标准的国内对口研究项目组，统筹开展国际标准转化可行性分析、内容研究与验证试验等工作，以国际、国内自动驾驶测试场景标准同步研究、同步制定为原则建立与国际水平接轨的中国自动驾驶测试场景标准体系。

除 ISO 外，其他国家与组织也针对自动驾驶测试场景展开了研究。

2016 年，德国联邦经济与能源部（BMWi）启动 PEGASUS 项目，旨在开发一套自动驾驶功能测试程序，以促进自动驾驶技术的快速落地。PEGASUS 项目内容包括定义自动驾驶车辆在仿真、测试场地及实际环境中的测试与实验标准流程;开发一个持续的、灵活的工具链,以维护自动驾驶开发与验证;在开发早期的阶段集成测试;创建跨整车厂的方法来维护高度自动驾驶功能等。

PEGASUS 项目于 2019 年 5 月结项,其中一项重要研究成果就是 OpenCRG、OpenDRIVE、OpenSCENARIO 三项驾驶场景仿真格式标准。该标准已于 2018 年正式从戴姆勒和 VIRES 转交 ASAM 进行下一步标准维护与开发。以此为契机,ASAM 于 2018 年新开创一类标准——仿真,用于制定和协调自动驾驶领域的相关仿真标准。

德国自动化及测量系统标准协会(ASAM)是一家非政府的汽车领域标准化制定机构,1998 年由数位行业专家为标准化 ECU 开发与测试中的数据交互而创立,致力于实现开发流程中各环节的数据信息自由交换。截至 2019 年,共有来自亚洲、欧洲、北美洲的 295 家整车厂、供应商及科研机构加入协会,成为会员。ASAM 推出的标准涉及多个汽车标准领域,包括仿真、车联网、测量与校准、诊断、自动化测试、软件开发、ECU 网络和数据管理与分析等。

随着自动驾驶技术的发展,仿真测试对于自动驾驶的安全落地至关重要,ASAM 发布的 Openx 标准得到了全球广泛关注,热度逐渐提升。成员单位提出希望制定更多的仿真领域标准,并以 Openx 命名,其中就包括 OpenLABEL 等。2019 年 10 月,由宝马开发的 OSI(Open Simulation Interface)标准正式移交 ASAM 进行维护与开发。至此,ASAM 已启动的 Openx 标准项目共计 5 项(见图 12-1),同时随着全球自动驾驶测试需求的提升,更多的标准提案与计划已经提上日程。2020 年将不仅仅是自动驾驶元年,也将是 Openx 标准元年。

ASAM Openx 自动驾驶仿真测试标准体系参见图 12-1。

汽车仿真测试行业标准与应用　第12章

图 12-1　ASAM Openx 自动驾驶仿真测试标准体系

目前，在 ASAM 仿真验证领域，Openx 系列标准主要包括 OpenDRIVE、OpenSCENARIO、OSI、OpenLABEL 和 OpenCRG 五大板块。在仿真测试的整体流程中，OpenDRIVE 和 OpenSCENARIO 针对仿真场景的不同数据格式进行统一；OpenLABEL 将对于原始数据和场景给出统一的标定方法；OSI 连接了自动驾驶功能与仿真工具，同时集成了多种传感器；OpenCRG 则实现了路面物理信息与静态道路场景的交互。

2020 年，基于以上内容不断拓展，逐渐形成了更加完整的测试体系，并依赖于以上内容，设立更加完整的测试体系，新设立的多项标准进一步打通了各项测试内容。在仿真测试领域，进一步打通各项研究内容，形成完整测试流程，实现全方位测试流程体系。

ASAM Openx 自动驾驶仿真测试标准结构参见图 12-2。

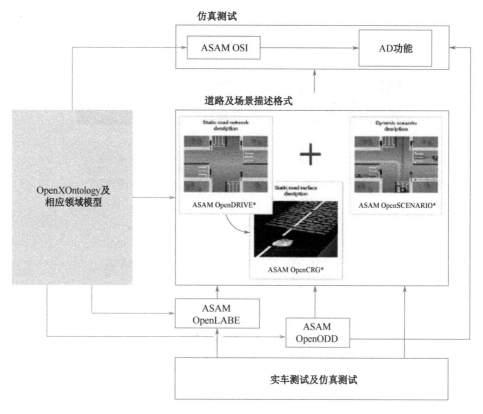

图 12-2 ASAM Openx 自动驾驶仿真测试标准结构

12.3 仿真测试行业国内标准

中国国内逐步认识到仿真测试行业的重要性。2020 年，由中国汽车技术研究中心有限公司撰写的《自动驾驶测试场景技术发展与应用》出版。此书由全国汽车标准技术委员会（SAC/TC 114）及其智能网联汽车分技术委员会（SC 34）秘书处统筹组织规划，同济大学、华为技术有限公司、吉林大学、上汽集团前瞻技术研究部、中国第一汽车集团、中国汽车技术研究中心有限公司、国汽智联、阿里巴巴菜鸟网络等单位作为各章节主要编写单位，来自 30 余家骨干单位近百名专家参与撰写。后期相应研究标准将按照《自动驾驶测试场景技术发展与应用》逐步形成标准化内容。针对此方向的标准，全国汽车标准技术委员会（SAC/TC 114）已于 2019 年在全国范围内成立"汽车自动驾驶仿真测试标准化需求研究"项目组，由中国汽车技术研究中心有限公司牵头组建。此项标准将在仿真测试通用要求、测试工具、测试流程等方面开展标准化研究工作，并组织项目组成员进行仿真测试与实车测试对比试验，用以验证仿真测试的真实性、可重复性等。后续，该项目组将按照规划按时完成研究报告，并同步开展相关标准预研工作。

同时，在其他标准层面要进一步拓展中国与其他国际标准的匹配。由于中国的驾驶场景极具特色，不仅道路结构、交通标志、交通灯等形态各异，人车混流的交通状况也为构建动态仿真场景增加了许多难度。为了更有针对性地解决与中国特色场景相关的诸多问题，ASAM 于 2018 年与中国汽车技术研究中心有限公司下属中汽数据有限公司（以下简称"中汽数据"）开展技术交流。中汽数据在驾驶场景、模拟仿真等领域取得的进展得到了 ASAM 的高度认可。2019 年 9 月，中汽数据与 ASAM 联合发表声明，共同组建 C-ASAM 工作组。针对 ASAM Openx 模拟仿真测试场景标准，C-ASAM 工作组将整合中国智能网联汽车行业，利用国际合作平台价值，实现互通互利、携手共进、达成共赢的局面。针对以上研究内容，从以下几大方面进行拓展，如图 12-3 所示。

目前，C-ASAM 工作组成员包括上汽集团、腾讯、华为、百度、51VR、赛目、四维图新、北京航空航天大学等 30 余家中国企业与研究机构，共同为中国在相应标准中发声，成为中国对标国际标准内容的重要工作组。基于数据接口和格式等仿真验证领域的共性问题，ASAM 引入的 Openx 系列标准填补了行业多项空白。该系列标准的推出与完善，使得仿真测试场景中各要素之间的隔阂逐渐被打破，原本孤立的各环节的贯通与交互成为可能。而随着我国汽车仿真验证领域的国际化接轨进程的加快，Openx 系列标准的影响也将不断扩展。

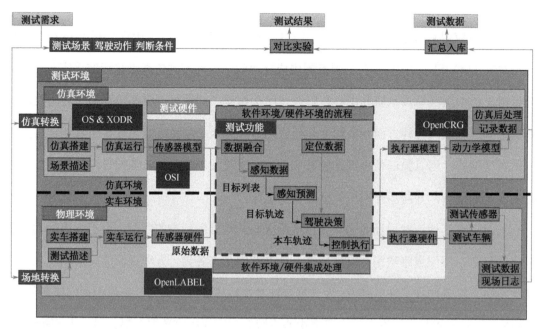

图 12-3　C-ASAM 工作组研究框架及内容拓展

12.4　小结

智能网联汽车、自动驾驶及测试场景技术在 2020 年逐步形成重要的研究方向，国际上与国内进展基本保持一致，在部分研究方向上中国具备领先实力。中国在逐步跟随国际标准的同时，也形成自身竞争实力。针对以上内容，需要行业内所有企业的共同努力，逐步形成较为完善的合作体系。在整个体系中，技术点涵盖场景的分类与要素、场景的采集存储及应用分析、场景数据库及场景数据评价体系。这些研究内容都将在 2021 年前完成实际的标准转换，并逐步形成行业与国家标准。

参 考 文 献

[1] 中国汽车技术研究中心有限公司．数据资源中心．智能网联汽车技术[M]．北京：社会科学文献出版社，2019．

[2] Association for Standardization of Automation and Measuring Systems. Openx Ontology: Project Proposal [EB/OL]. (2020-07-02) [2020-07-17]. https://code.asam.net/simulation/proposal/ontology/-/jobs/artifacts/master/raw/proposal/ASAM_Project_Proposal_Openx_Ontology.html?job=html.

[3] PEGASUS Project, PEGASUS METHOD an Overview [EB/OL]. (2019.5.14) [2020-07-23]. https://www.pegasusprojekt.de/en/pcgasus-method.

[4] ECE/TRANS/WP.29/2020/81, Proposal for a new UN Regulation on uniform provisions concerning the approval of vehicles with regards to Automated Lane Keeping System [S].

[5] 中国汽车技术研究中心有限公司．自动驾驶测试场景技术发展与应用[M]．北京：机械工业出版社，2020．

第 13 章

汽车自动驾驶仿真测试平台简介

苍学俊[1]　许瑞琛[1]　王　观[1]

（上海机动车检测认证技术研究中心有限公司[1]）

13.1　引言

仿真测试平台可为机动车与其他交通参与者在虚拟交通场景中进行驾驶测试提供软硬件支撑，方便企业在短时间内完成海量里程自动驾驶算法测试，实现复杂与极端交通场景测试，具有不可估量的应用前景。

仿真测试平台是一个宏观概念，可由一种或多种仿真工具组成，以异构多能的方式提供定制化仿真测试服务，如图 13-1 所示。

以上所述仿真工具可分为五种。

① 场景仿真工具，可从现实道路中抓取动态与静态要素模拟真实场景，或建立一些现实世界中不存在的极端路况场景为仿真测试提供底层模板。

② 交通流仿真工具，可模拟本车在模拟场景中其他交通参与者与交通对象的动态或静态状况，可为仿真测试提供交互式体验。

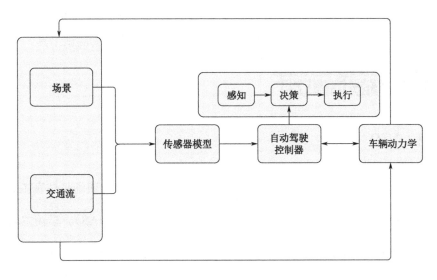

图 13-1 仿真测试平台内各工具联合仿真流程

③ 传感器仿真工具,可模拟各类车载传感器(毫米波雷达、摄像机、激光雷达等)在目标场景中的运行状况与图像生成,实现多波段、多材质传感器仿真,为 Tier1 供应商开发整车所需传感器提供模拟理论基础。

④ 车辆动力学仿真工具,十分成熟,将车辆动态(航向角、倾角、速度等)要素实现图形可视化,进行结果模拟与条件修改。

⑤ 硬件在环(HiL)仿真工具,通过 I/O 接口将运行仿真模型的实时处理器与被测对象相连接,来验证系统功能是否与需求定义一致,对验证系统实时性、真实性与正确性有重要意义。

仿真测试平台供应商或驾驶自动化系统开发企业可根据具体需求,通过二次开发、多仿真工具联动等方式完成不同被测件的仿真测试。例如,在感知计算系统仿真测试中,可基于自研的自动化测试系统,结合场景仿真工具、交通流仿真工具、传感器仿真工具和硬件在环仿真工具,搭建感知计算系统开环半实物虚拟仿真测试平台。

搭建适合自身需求的仿真测试平台,关键在于对不同仿真工具的了解程度、二次开发能力和整合能力。下面从仿真工具类别视角，分别介绍典型的仿真测试工具。

13.2 场景仿真软件

13.2.1 VTD

VTD（Virtual Test Drive）是由德国 VIRES 公司开发的一套交通场景仿真工具，从面世之初距今已有将近十年，是一套主要用于高级辅助驾驶系统（ADAS）、车辆主动安全、传感器成像的完整仿真工具链。该系统拥有低延时、渲染效果好的特点。VTD 仿真流程分为以下三步。

1. 路网搭建

如图 13-2 所示，在 VTD 自带的图形化交互式路网编辑器 RoadDesigner（ROD）中，添加各种交通元素构建多类型多车道复杂道路仿真环境，可最终生成 OpenDrive 版本的高精地图。同时，通过此编辑器，用户也可对 OpenDrive1.4 版本以上的文件进行读取和编辑。

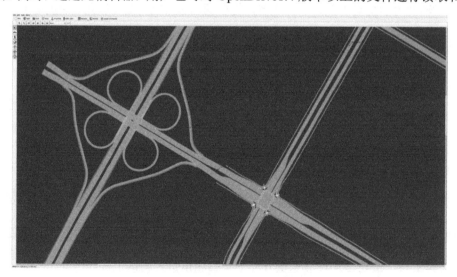

图 13-2　VTD 软件路网搭建过程

2．动态场景配置

如图 13-3 所示，使用 VTD 自带的图形化交互式场景编辑器 ScenarioEditor，用户可在 OpenDrive 文件中自定义交通体的行为或添加一段交通流，也可根据需要添加车载传感器，定量实现雨、雾、雪天气等模拟场景。

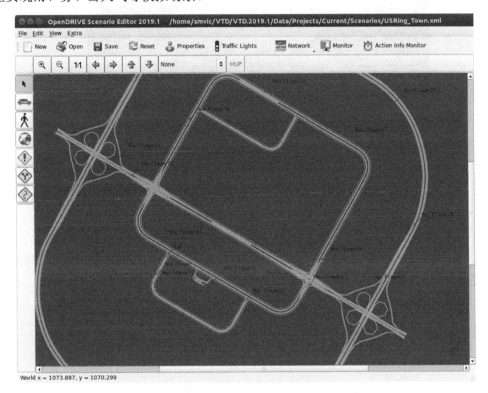

图 13-3　VTD 软件动态场景配置

3．仿真运行

如图 13-4 所示，在自身拥有简易车辆动力学模型和光影、视觉效果渲染能力的同时，VTD 还提供了与 Simulink 和 Carsim 的 TCP/IP 协议交互接口。用户可根据需要二次开发。无论是单机还是联合仿真，VTD 都提供了相应的解决方案。VTD 在工程中广泛应用于 SIL、

HIL 及 VIL 实时仿真。

图 13-4 VTD 软件仿真运行

13.2.2 Prescan

Prescan 是由 TassInternational 研发的一款 ADAS 测试仿真软件，现由德国西门子公司发售。其中，模拟平台包括 GUI 定义场景的预处理器和用于执行场景的运行环境。用户可从 GUI 界面调用 MATLAB，用于创建和测试算法。平台交互式体验更好，GUI 界面预留了与车辆动力学模型（如 CarSim 与 Simulink）和 HIL 硬件（如 NI、dSPACE 和 ETAS）的接口。Prescan 仿真流程分为如下四步。

1. 场景搭建

如图 13-5 所示，用户可通过 GUI 界面使用道路分段、交通标志、植物和建筑物组件库，可使用机动车、非机动车、行人等交通参与者数据库添加所需元素，并可对元素路线轨迹进行设定，可修改天气、光源，使场景更加真实。2020 版 Prescan 支持导入 OpenDrive0.9 版本，可对标准和特定真实场景进行修改。

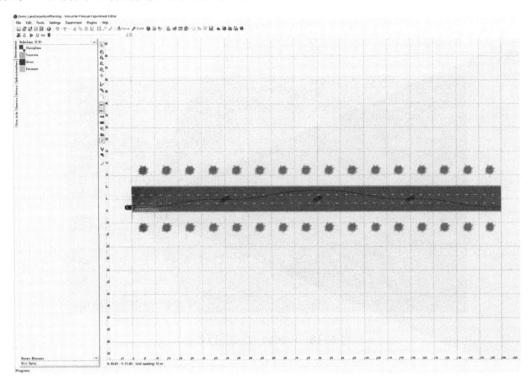

图 13-5　Prescan 软件的场景搭建

2．传感器设置

用户可根据需要添加真值传感器、理想传感器、单双目相机、激光雷达、毫米波雷达等，并对传感器广角、偏移量等数值进行修改。

3．控制系统连接

用户可通过与 Simulink 或 Carsim 联合仿真添加目标车的动力学模型和控制模型，也可以与 HiL 硬件控制系统连接，对被测对象完成闭环仿真测试。

4．仿真运行

如图 13-6 所示，Prescan 提供内置 3D 可视化查看器和渲染效果，用户可通过不同角度甚至自定义角度进行观看。如有需要，也可通过 LabView 和 ControlDesk 自动运行试验场景。

图 13-6 Prescan 仿真运行效果

13.2.3 Cognata

Cognata 仿真技术由 NVIDIA DGX Station 提供支持，保证算力水平足够强大。利用深度学习、人工智能和计算机视觉相结合的方式，Cognata 在 3D 模拟平台上还原了世界上多个大城市，为客户提供现实世界模拟测试的服务。Cognata 仿真技术包括如下三部分。

1．静态环境场景

Cognata 的 TrueLife3DMesh 引擎使用计算机视觉和深度学习算法，根据卫星地图自动生成道路、交通灯、车道标识、建筑物的模拟仿真场景，用户无须自己添加。

2．动态环境场景

Cognata 通过对历史流量数据的筛选、分析，确立场景交通仿真模型，模拟真实环境下各种不同的车辆和行人。

3．仿真运行

通过动态和静态仿真模型的结合，模拟被测对象与模拟环境中各种变化的相互作用，为被测系统提供完美的闭环回路。

13.2.4　rFpro

rFpro 于 2008 年在英国成立，对仿真的精度、速度和实时性要求极高。如图 13-7 所示，rFpro 使用高精度的相位激光和 TOF 激光雷达扫描路面和路肩数据，生成分辨率极高的高精度路面数字模型。这种方法生成的模拟路面真实程度更高，还原度更强。

图 13-7　rFpro 使用激光雷达扫描技术高精度还原场景

13.2.5　Metamoto

Metamoto 于 2016 年成立于美国硅谷。为避免 Uber 汽车自动驾驶夜间路测意外撞向行人致死的事故发生，Metamoto 将"模拟即服务"作为公司的宗旨，帮助自动驾驶公司通过加速反馈循环实现产品开发迭代。Metamoto 仿真软件分为如下三部分。

1. 设计器

设计器可添加路网、目标车辆和交通流、行人、信号灯和交通标示等构建一个完善的测试场景，通过更改各个元素的参数数据来对不同的测试方案进行场景重现。

2. 云平台

在云平台上多路并行运算，算力与单机计算相比提高多倍。

3. 分析器

分析器可回放仿真传感器数据、车辆信息，帮助企业调试自动驾驶系统。

13.2.6 Panosim

Panosim 是一款国产自研的模拟仿真软件平台。它基于物理建模和精确高效的数值仿真，将汽车运行环境工况还原在仿真场景中。基于几何模型和物理建模建立传感器模型，以支持数字仿真环境下车辆 ECU、ADAS、主动安全和环境感知测试验证。Panosim 不仅包括完善的车辆底盘、动力总成和驾驶员模型，用户还可基于典型驱动和悬架形式自定义车辆信息，三维数字模拟场景支持对道路纹理、车道线、交通设施等车辆行驶环境的建模与编辑。

13.2.7 Sim-One

如图 13-8 所示，51Sim-One 是 51WORLD 自主研发的一款自动驾驶仿真与测试平台，其基于物理特性的机理建模，用于自动驾驶产品的研发、测试和验证，支持在 win10 或 ubuntu16 上部署。51WORLD 作为 ASAM 成员之一，对 Openx 系列标准提供全方位支持。51Sim-One 的地图编辑器可以将用户构建的路网生成 OpenDRIVE 格式的文件，也可对现有的 OpenDRIVE 格式文件进行二次编辑。其案例库中包括 OpenSCENARIO，用户可对其进行使用和修改。云端数据驱动仿真测试作为 51Sim-One 主打的模块，基于 Web 平台分布式计算集群的架构，可部署在公有云（阿里云、AWS 等）或私有云上，可同时运行多个线程场景运算，将原有的算力水平提升数倍。

图 13-8　51Sim-One 软件运行效果

在场景构建方面，用户可通过 WorldEditor 快速创建基于 OpenDrive 格式的文件，也可通过道路采集装置传输回的点云数据和地图影像还原真实道路信息。51Sim-One 支持在场景中添加车辆行人等交通参与者，并添加路径。最终结合天气、光照等环境因素模拟出一个真实世界。用户也可导入软件内置的交通场景库和测试案例库，并支持 CIDAS 和 GIDAS 事故场景库的导入。

如图 13-9 所示，在传感器仿真方面，51Sim-One 支持各种通用类型或自定义类型传感器的多路仿真。对于雷达仿真，用户可根据点云数据、识别物包围对雷达探测水平进行评估。对于摄像头仿真，用户可根据语义分割图、深度图等带注释的图像数据集进行单目、多目、鱼眼等摄像头的测试评估。

图 13-9　51Sim-One 传感器仿真效果

在动力学仿真方面，51Sim-One 拥有内置的车辆动力学模型，满足一般设计的需求。若用户有对更复杂的动力学模拟的需求，也可通过 51Sim-One 接入 CarSim、CarMaker 等第三方软件。

对于硬件在环仿真方面，用户可通过 51Sim-One 预留的接口外接驾驶模拟器、ROS、Protobuf 等硬件，实现多种闭环测试。

13.2.8　CARLA

CARLA 是一款依托虚拟引擎，使用服务器和多客户端架构开发的开源仿真模拟器，用于自动驾驶系统开发与验证，由西班牙巴塞罗那自治大学指导开发。CARLA 向用户免费开放城市道路结构、建筑和车辆等数字资源。同时，用户也可使用 CARLA 道路制作软件 VectorZero 和场景制作软件 RoadRunner。对于交通参与者的控制模型，CARLA 预留了一套 Python 接口，用户可自行利用代码进行控制。目前，很多车企自研的自动驾驶仿真软件就是基于 CARLA 内核的。

13.2.9 AirSim

如图 13-10 所示，AirSim 是微软研究院建立在虚拟引擎（Unreal Engine）上的开源无人机及自动驾驶模拟研究项目。其充分利用了虚拟引擎可以在虚拟场景中高度还原现实交通场景的能力，可以模拟阴影、反射等较难还原的现实元素，以及虚拟场景可以方便大量产生标注数据的能力，同时也提供了众多预设接口，可以使自动驾驶算法接入 AirSim 进行大批量模拟运算。AirSim 为人工智能深度机器学习提供了一个良好的平台，实现了从端到端的强化学习能力。

图 13-10　AirSim 软件仿真效果

13.3　交通流仿真软件

VISSIM 是德国 PTV 公司推出的一款微观交通流仿真软件。用户可在软件内自由构建各种复杂场景，并能在一个交通场景中模拟包括机动车、卡车、轨道交通和行人等交通参与者的交互行为。VISSIM 可以对城市和郊区交通设施给出专业规划和评价，也可模拟特殊场景对交通状况的影响。如图 13-11 所示，VISSIM 可仿真微观单车及多车行为，用户可通过三维可视化引擎对交通流每个成员进行细节分析。VISSIM 也为无人驾驶算法提供接口，将自动驾驶仿真带入交通流场景中。

图 13-11　VISSIM 还原立交桥路网交通流

13.4　传感器仿真软件公司

13.4.1　RightHook

RightHook 公司成立于美国加州，为用户提供一套完整的仿真工具链。工具链包括 RightWorld、RightWorldHD 和 RightWorldHIL。其中，RightWorldHD 支持对动力学、天气、时间变化和传感器的模拟，同时支持 NVIDIADriveWorks、LCM 和 ROS 接口。丰富的传感器模型满足用户对于传感器仿真的需求，包括 LDR 和 HDR 分辨率摄像机、参数化直接机械扫描、闪存和固态激光雷达、数据驱动的短距和长距毫米波雷达、任意精度的 IMU 和 GPS 及可自定义参数配置的理想传感器等。为用户提供语义分割图、语义分割点云和 2D/3D 包围盒。RightHook 测试车参见图 13-12。

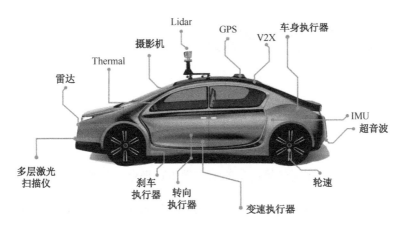

图 13-12 RightHook 测试车

13.4.2 MonoDrive

MonoDrive 公司推出的首款特色的高保真（UHF）传感器模型受到业界好评。MonoDrive 测试车采用 64 线激光雷达，多个摄像头采集道路信息，再将用户被测的传感器模型放入采集场景中，使传感器模型更加真实可靠，如图 13-13 所示。

图 13-13 MonoDrive 测试车

13.5 车辆动力学仿真软件

13.5.1 CarSim

CarSim 是 MechanicalSimulation 公司开发的车辆动力学仿真软件，旗下还包括 TruckSim 和 BikeSim 专门针对卡车和两轮机动车的动力学仿真平台，目前被众多主机厂和供应商使用。对于整车层面的仿真，CarSim 拥有数量庞大的车辆数学模型和经过多年验证的经验参数，用户可以直接调用、节省大量的调整参数时间。在仿真运行过程中，3D 路面和空气动力学会对车体状态进行回馈，模拟结果与现实车辆运行高度相似。整车厂用来预测车辆操纵稳定性、制动可靠性、行驶经济性、加速平滑性和动力性。CarSim 自带 MATLAB/Simulink 标准接口，用户无须二次开发，可在 Simulink 中加入或开发车辆控制模型。对于仿真数据，CarSim 可在 MATLAB 或 Excel 中进行筛选分类，以及可视化操作。在 HIL 测试仿真中，CarSim 也拥有 RealTime 版本，可对被测对象进行实时验证测试。随着 ADAS 的发展，CarSim 也与时俱进地加入了传感器单元对周边路况进行探测，也可构建参数化的 3D 道路模型。

CarSim 运行状态及实时数据输出参见图 13-14，CarSim 配置车辆参数参见图 13-15。

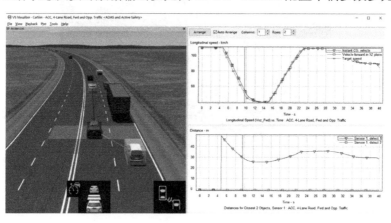

图 13-14 CarSim 运行状态及实时数据输出

汽车自动驾驶仿真测试平台简介 第13章

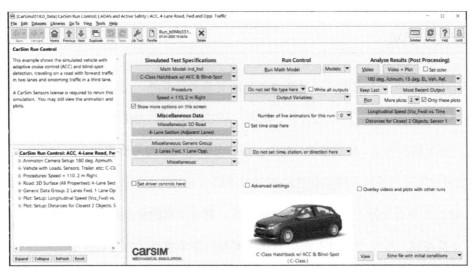

图 13–15　CarSim 配置车辆参数

13.5.2　CarMaker

CarMaker 是由德国 IPG 公司推出的以车辆动力学为主，辅以自动驾驶和场景仿真的一款仿真测试平台。旗下还包括 TruckMaker 和 MotorcycleMaker 针对卡车和两轮摩托车的动力学仿真平台。CarMaker 包括三个部分，具体介绍如下。

① IPGRoad：可通过配置 GUI 添加多车道、路口及各种形式的路面障碍等；可自定义道路形状及路面状况（平整度、粗糙度）。

② IPGTraffic：提供用户添加交通对象模型，可以针对侦测到的交通标志触发动作时间、速度、方向等，可实现对真实交通场景的仿真。

③ IPGDriver：基于深度学习算法的驾驶模型，可模拟控制各种普通和极端工况下工作的车辆，并可以根据车辆的动力特性、交通状况、环境状况及风阻摩擦来调整当前驾驶策略。

13.5.3 AVL

AVL 是由世界三大内燃机研发公司之一的奥地利李斯特（AVL List）公司研发推出的一款车辆动力学仿真平台。其包括多个模块：AVL BOOST、AVL CRUISE 和 AVL EXCITE 等。拥有对车辆热力学、传动系统、动力总成、电子电气架构等模块的仿真分析能力。AVL BOOST 可对发动机性能及传动优化匹配进行准确仿真，为结构设计优化提供可行性指导。AVL CRUISE 界面友好，使用模块化建模手段，拥有丰富的零部件库，以分层建模理念为基础，支持在同一模型中搭建不同动力总成架构的整车模型，方便对模型的管理和调用，支持整车能量分析、车辆载荷分布分析、换挡规律生成。AVL EXCITE 可对传动系统动力学、活塞组件动力学及轴系一维设计与分析进行模拟仿真，可对车辆动力系统的可靠性、耐久性进行模拟测试，给出可行性建议。

13.5.4 Simpack

Simpack 是法国达索公司针对运动学/动力学仿真分析开发的多体动力学软件，是一款完全采用递归算法，以多体系统计算动力学为基础，利用相对坐标系建立动力学分析，包含多模块多领域的仿真开发软件。Simpack 实时仿真直接采用复杂多体系统模型，无须模型递减，将全模型参数化。支持多核并行运算，满足大规模模型的实时性要求，在实时仿真的过程中，动力学模型的运动可以在 Simpack 下实时显示。在 ADAS 领域，Simpack 也与时俱进地进行了相应的改善。在 Simpack 车辆动力学模型的基础上，利用 Simpack 实时仿真技术建立车辆驾驶模拟器，以实现用户所需场景数据和信息。

13.5.5 TESIS DYNAware

TESIS DYNAware 是由德国 TESIS 公司开发研制的，可为各种车辆提供精确、实用和便利的模型。TESIS DYNAware 主要由两个产品组成，分别是 en-DYNA 和 ve-DYNA。en-DYNA 为内燃机实时仿真模型，主要应用于发动机性能分析、发动机控制单元测试的硬件在环回路仿真、控制算法的开发与测试。ve-DYNA 为车辆动力学实时仿真模型，主要应用于车辆动力学分析、车辆管理单元控制算法开发与测试。

13.6 硬件在环仿真平台

13.6.1 美国国家仪器公司 NI

NI 在硬件在环仿真方面拥有三款强大的软硬件支持：LabView、VeriStand、PXI 系统。LabView 拥有直观的图形化编程语言和丰富的 IP 库，且可无缝集成众多硬件，可以让用户加速工程开发。如图 13-16 所示，VeriStand 应用于为实时硬件配置 I/O 通道、数据记录、激励生成和主机通信、可视化数据，并管理测试的执行，从而缩短测试时间。在 PXI 系统中，机箱为模块化仪器或 I/O 板卡提供电源、冷却和通信总线，并可连接上位机远程操控工程的进行。

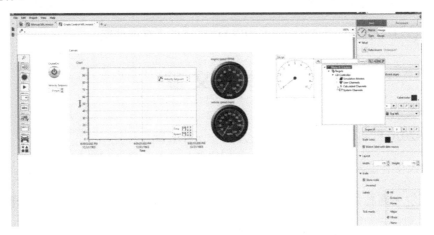

图 13-16　VeriStand 数据可视化

VeriStand 数据可视化参见图 13-16。

13.6.2　dSPACE

dSPACE 总部位于德国帕德博恩市。在硬件在环仿真中，模拟器模拟 ECU 将起作用的环境。首先，ECU 的输入和输出连接到模拟器（Control Desk）的输入和输出。其次，模拟器执行 ECU 工作环境的实时模型，可以包括来自 dSPACE 的汽车仿真模型（ASM）或来自其他厂商的模型。这种方式可以在产品原型还没有生产出来之前提供一种测试方案，即在一个安全的环境中对新功能进行重复性测试。与在真实原型车辆上进行 ECU 测试相比，HiL（硬件在环）仿真的优势在于控制单元的测试可以在开发过程中进行，错误将提早被发现和消除。

13.7　小结

多种仿真测试软件的异构组合可有效解决驾驶自动化系统安全测试的高效、经济和可靠问题。本章按照分类维度依次介绍国际、国内主流的场景仿真软件、交通流仿真软件、传感器仿真软件、车辆动力学仿真软件和硬件在环仿真平台情况。

参 考 文 献

[1]　2019-2020 自动驾驶仿真产业链研究——佐思产研.

[2]　中国人工智能学会. 中国人工智能系列白皮书——智能驾驶 2017，2017.

[3]　迪特尔·施拉姆，曼弗雷德·库勒，罗伯托·巴迪尼. 车辆动力学：建模与仿真[M]. 北京：化学工业出版社，2017.

[4]　美国国家仪器官方网站：http://www.ni.com.

[5] A Systematic Review of Perception System and Simulators for Autonomous Vehicles Research, 2019.

[6] Accelerated Evaluation of Automated Vehicles, 2016.

[7] A Comprehensive Evaluation Approach for Highly Automated Driving.

[8] 自动驾驶仿真技术研究报告,2019.

第 14 章

智能网联汽车测试与研究机构介绍

王 戡[1] 曾 杰[1]

（重庆车辆检测研究院有限公司[1]）

14.1 引言

近年来，中国智能网联汽车产业发展迅速，各大科技公司、整车企业近期纷纷推出汽车自动驾驶，利用先进的自动驾驶测试工具链，完成汽车自动驾驶测试与评价。智能网联汽车技术的发展离不开大量的测试验证，仿真技术作为支撑功能安全、预期功能安全测试与评价的重要手段，各大测试与研究机构积极布局、稳步推进，从场景重构、场景衍生、场景标准化建模等技术出发，建立起以代码模型测试的软件在环、传感器结合的硬件在环、整车联合仿真的整车在环、虚拟与现实结合的整车场地在环、真实交通流参与的整车在环等测试评价工具链。部分机构与企业已经具备了一定的仿真测试评价能力，但企业要具备完整的自动驾驶仿真测试评价工具链，必须进行长远规划和不间断技术、资金投入。选择科学合理的技术路线对于测试研究机构与企业至关重要，商业化的场景软件、测试软件功能与性能各有千秋，将软件、硬件、整车结合进行测试与评价，加速危险场景复现、叠加边界条件对于智能网联汽车测试具有重大意义。

第14章 智能网联汽车测试与研究机构介绍

14.2 智能网联汽车测试与研究机构分类

随着智能网联汽车相关技术快速应用,开发、测试、评价、认证需求呈爆发式增长。在原有的国家级汽车质量监督检验中心的基础之上,地方政府、科研院所投入大量资金,成立相关的智能网联汽车技术研发与测试应用中心、智能网联测试评价示范区,引进先进的汽车自动驾驶仿真与场地测试技术,形成了一定的智能网联汽车技术研发与验证能力。根据测试与研究机构的性质可以分为以下两类。

14.2.1 国家级智能网联汽车检测中心

国家级智能网联汽车监测中心是机构主体在原有的国家级汽车质量监督检验中心的基础之上筹建而来的,具备汽车整车与零部件检测认证服务,在传统汽车测试与评价服务领域有强有力的技术积累和人员、设备、设施保障。随着智能网联汽车技术的测试需求增加,各大国家级汽车质量监督检验中心通过引进先进的测试工具链,加强智能网联汽车测试与评价技术研究,构建完备的智能网联汽车测试评价服务能力。主要的国家级智能网联汽车检测中心及其依托的建设单位有:国家智能网联汽车质量监督检验中心(天津)(依托的建设单位:中国汽车技术研究中心有限公司)、国家智能网联汽车质量监督检验中心(湖北)(依托的建设单位:襄阳达安汽车检测中心有限公司)、国家智能网联汽车质量检验中心(重庆)(依托的建设单位:重庆车辆检测研究院有限公司)、国家智能网联汽车产业计量测试中心(依托的建设单位:上海机动车检测认证技术研究中心有限公司)。

14.2.2　智能网联测试与研究科技创新公司

智能网联测试与研究科技创新公司可分类三类：第一类是国家级汽车质量监督检验中心通过整合相关资源筹建的，如上海淞泓智能汽车科技有限公司、中汽院智能网联科技有限公司；第二类是高科技互联网公司，如百度、华为；第三类是由各大整车企业、零部件供应商投资组建的，如国汽（北京）智能网联汽车研究院有限公司。

14.3　智能网联汽车测试与研究机构介绍

14.3.1　国家级智能网联汽车质量监督检验中心

1. 国家智能网联汽车质量监督检验中心（天津）

中国汽车技术研究中心有限公司简称中汽中心，是 1985 年根据国家对汽车行业管理的需要，经国家科委批准成立的科研院所，现隶属于国务院国有资产监督管理委员会。国家智能网联汽车质量监督检验中心（天津）成立于 2018 年 9 月 27 日，在智能网联汽车测试方面已经形成了如下服务[1]。

（1）智能网联汽车驾驶场景数据库

中汽中心以符合中国实际驾驶情况的自然驾驶场景数据为核心，以交通事故场景数据、标准法规场景数据及虚拟仿真场景数据为补充，构建智能网联汽车驾驶场景数据库，并提供场景数据采集、场景库提炼、虚拟场景复现、仿真测试评价的驾驶场景数据整体解决方案，如图 14-1 所示。

（2）智能网联汽车虚拟仿真平台

智能网联汽车虚拟仿真平台业务旨在以驾驶场景数据库为基础、虚拟仿真技术为支撑、场景研究算法为核心，完整贯通全流程场景数据应用工具链，实现场景数据参数化、测试用例虚拟化、测试场景链条化和评价指标体系化，如图 14-2 所示。同时引进德国 Konrad 公司的毫米波雷达与视觉融合的 ADAS 系统硬件在环仿真测试平台，已经投入使用，具备较强的系统在环仿真工程开发与验证能力。

图 14-1　智能网联汽车驾驶场景数据库

图 14-2　智能网联汽车虚拟仿真平台

（3）智能网联汽车模拟研发平台

智能网联汽车模拟研发平台由智能交通场景沙盘、算法研发智能仿真车、智能交通设备、定位及地图系统组成。运用自动控制、人工智能、计算机视觉等技术构建智能交通系统，可复现 200 余种场景，支撑相关算法前期校验及交通系统综合效能模拟验证，为单车智能算法研发、车辆编组、车路协同应用示范提供方法指导与测试依据，如图 14-3 所示。

（4）智能网联汽车工程验证平台

智能网联汽车工程验证平台面向行业的核心诉求，提供多功能层级的自动驾驶技术解决方案，在自动驾驶工程实现层面，致力于为企业提供从传感器配置方案、融合算法开发、软硬件集成方案到系统集成测试的全流程技术服务，如图 14-4 所示。中汽中心基于多品牌车型打造的自动驾驶车队可为智能化算法、网联化示范提供良好的工程验证平台。

图 14-3　智能网联汽车模拟研发平台　　图 14-4　智能网联汽车工程验证平台

2. 国家智能网联汽车质量监督检验中心（湖北）

2018 年 11 月 23 日，由襄阳达安汽车检测中心有限公司（以下简称襄阳中心）筹建的国家智能网联汽车质量监督检验中心（湖北）正式通过国家认证认可监督管理委员会的资质认定评审，并获得了授权证书。襄阳中心建成智能网联汽车封闭测试区，构建起 56 种智能网联场景检测测试场景，能够满足工信部、公安部、交通部联合发布的《智能网联汽车道路测试管理规范（试行）》规定的自动驾驶功能测试场景、测试规程的全部要求，形成了完善的整车 ADAS 试验测试自动驾驶试验测试能力，能够开展 40 余项智能网联汽车的检验项目[2]，如图 14-5 所示。

图 14-5　智能网联汽车自动驾驶封闭场地测试基地

在汽车试验场三期和四期扩建工程完成后，襄阳中心将搭建 140 余种智能网联测试场景，打造独具特色的智能网联汽车试验、检测、认证基地和集智慧体验、应用、示范、产学研基地孵化于一体的小镇。

3．国家智能网联汽车质量检验中心（重庆）

2020年1月18日，国家市场监督管理总局办公厅下发批复文件，以重庆车辆检测研究院有限公司（以下简称重庆车检院）为建设主体，筹建国家智能网联汽车质量检验中心（重庆）。重庆车检院已建成在国内处于领先水平的包含封闭测试场地，半开放、开放区域综合测试基地，形成较为完善的自动驾驶测试技术服务能力，如图14-6所示。重庆车检院开展了大量ADAS系统、自动驾驶系统测试与评价，参与多项智能网联汽车相关的国家、行业标准制定，主持多项标准验证试验工作，积累了丰富的智能网联汽车测试评价经验。

模拟隧道

模拟公交站

模拟学校

模拟服务区/加油站

模拟避险车道

图14-6　交通部认定自动驾驶封闭测试场地（重庆）

国家智能网联汽车质量检验中心（重庆）将以重庆车检院自动驾驶与车路协同测试基

地为基础，拟围绕驾驶辅助、网联汽车、高级别自动驾驶部件、整车及车路协同系统的测试验证等方面，开展相应的能力建设、业务建设及尺度体系的建设。建成完善的驾驶辅助、网联汽车及高级别汽车自动驾驶仿真测试评价实验室，仿真测试评价实验室包括：硬件在环仿真测试平台、整车在环仿真测试平台、虚拟场地在环仿真测试平台、V2X车路协同仿真测试平台。平台针对SAE L2及以上汽车自动驾驶的产品开发、测试认证，依托硬件在环、整车在环、车路协同在环、整车场地在环的仿真测试评价实验室，在仿真环境中搭建更为苛刻、极端的测试场景，基于海量的测试数据和测试里程，验证汽车自动驾驶感知、决策、控制系统的实时性、稳健性，并采用先进的计算机硬件加速技术提高系统测试效率，加速汽车自动驾驶产品快速迭代。

依托先进的硬件在环仿真测试平台，开展SAE L2级及以上的汽车自动驾驶感知系统、决策系统的在环仿真测试，通过雷达模拟器模拟毫米波雷达的目标射频信号实现雷达系统在环测试，采用视频暗箱和视频信号注入摄像头，实现摄像头系统在环测试；采用高精度定位模拟器模拟位置信息以实现定位系统在环测试，ECU控制器与雷达、视频在环系统结合以实现多传感器信息融合的智能驾驶系统在环测试。硬件在环仿真测试平台具备不同接口被测对象的兼容性，具备接口、功能可扩展能力，可覆盖不同类型的自动驾驶系统硬件在环测试需求，如图14-7所示。

整车在环仿真测试将真实的车辆与轴耦合式底盘测功机连接，以车辆在底盘测功机上的响应为车辆真实动力学响应输出，同时接入雷达在环测试系统、摄像头在环测试系统、高精度定位在环测试系统，结合场景软件搭建的丰富测试场景，构建汽车自动驾驶整车在环仿真测试平台。平台可以实现ACC、AEB、LKA、TJA、CUTIN、CUT OFF等系统代码勘误、整车传感器标定、整车系统功能调试，可有效减少控制系统的开发与集成测试时间，同时可以大幅度节约成本，降低系统预期功能安全的不确定性风险。平台支持车辆进行转向功能的在环测试，全面覆盖汽车自动驾驶纵向、横向系统功能安全的在环测试评价需求，如图14-8所示。

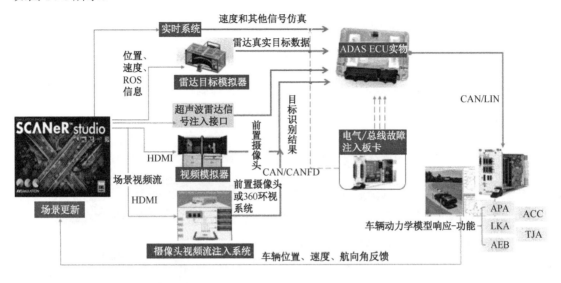

图 14-7　硬件在环仿真测试平台

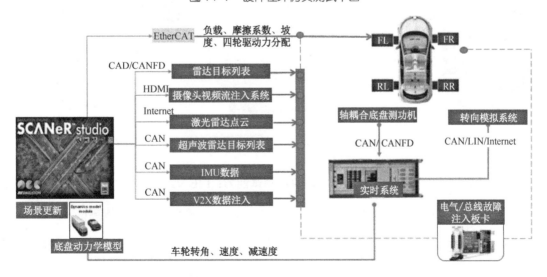

图 14-8　整车在环仿真测试平台

整车在环场地仿真测试是通过场景软件建立起测试场地的虚拟高精地图，被测车辆搭载高精度组合惯导系统运行于相对应的真实测试场地，以组合惯导系统获得的定位信息实时更新被测车辆在高精地图中的位置，用实时系统仿真模拟道路、交通场景和虚拟传感器数据结合，同时将虚拟场景中的环境信息以视频信号、传感器数据注入被测车辆的方式进行传递，构建整车场地在环仿真测试平台，如图14-9所示。平台可以实现汽车自动驾驶的环境感知算法验证、电控系统的匹配和联合运行、决策控制器的功能验证、路径规划验证、各类交通工况验证等。

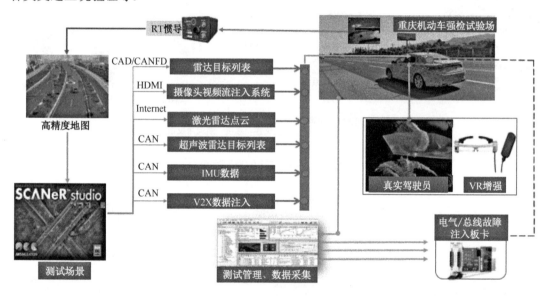

图 14-9　场地在环仿真测试平台

LTE-V2X 室内仿真测试实验室具备四项测试能力：LIE-V2X 射频性能测试、LTE-V2X 通信性能测试、LTE-V2X 抗干扰性能测试和 LTE-V2X 系统高精定位功能测试。LTE-V2X 射频性能测试是对 LTE-V2X 系统的最大发射功率、频率范围、占用带宽、频谱发射模块和杂散发射进行测试；LTE-V2X 通信性能测试是通过信道模拟器和测试软件对 LTE-V2X 系统的时延和分组丢失率进行测试分析；LTE-V2X 抗干扰性能测试是在先用通信系统的干扰下，基于 LIL-V2X 的系统性能测试方法，测试 LTE-V2X 系统通信性能的分组丢失率和时延是否满足预定要求；LTE-V2X 系统高精定位功能测试是通过 GNSS 模拟器对高精定位功能的首次定位时间、捕获灵敏度、跟踪灵敏度、重捕获时间、静态定位精度和动态定位精度等性能进行测试评估。LTE-V2X 在环仿真测试平台如图 14-10 所示。

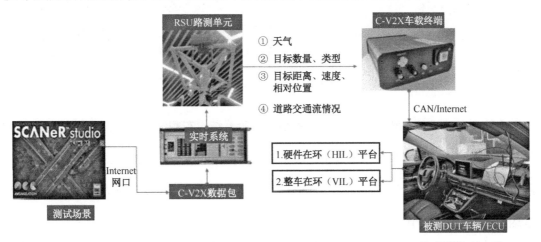

图 14-10　LTE-V2X 在环仿真测试平台

4. 国家智能网联汽车产业计量测试中心

国家智能网联汽车产业计量测试中心依托上海机动车检测认证技术研究中心有限公司（以下简称上检中心）为建设主体，于 2018 年 6 月 21 日成立。上检中心积极拓展智能网联汽车测试评价能力，上检中心正研发的基于真实目标的整车在环仿真测试平台如图 14-11 所示，将汽车自动驾驶置于转鼓上模拟车辆道路负载，通过场景软件控制移动平台小车的相对运动，模拟被测车辆前方的交通流，达到真实的目标物与实车在环测试目的。

图 14-11　基于真实目标的整车在环仿真测试平台

上检中心建设的车载毫米波雷达动态仿真试验系统、车载激光雷达测试系统的各项功能及指标能够满足目前车载毫米波雷达及车载激光雷达的测试需求，如图 14-12、图 14-13 所示。其中，汽车毫米波雷达动态仿真测试系统技术方案在国内处于领先地位，车载激光雷达测试系统填补了国内在该领域测试的空白[3]。

图 14-12　车载毫米波雷达动态仿真试验系统

图 14-13　车载激光雷达测试系统

14.3.2 智能网联测试与研究科技创新公司

1. 上海淞泓智能汽车科技有限公司

上海淞泓智能汽车科技有限公司由中国汽车技术研究中心、上海国际汽车城（集团）有限公司、上海电科智能系统股份有限公司、北京星云互联科技有限公司、上海波塔奇汽车技术有限公司合资成立。上海淞泓智能汽车科技有限公司正在建设面向中国典型道路环境的驾驶场景库，为智能网联汽车的研发、测试和验证提供场景支持和数据服务。

上海淞泓智能汽车科技有限公司的 Vehil 测试平台正在加紧建设，项目建设已经接近尾声。该平台结合 Vehil 实验室场地条件及系统性能功能，设计测试项目及场景，并从 17 项测试项目中筛选可实现的场景，共罗列测试场景 52 个；设计雷达及摄像头测试工况，打通目标物的 GPS 数据与本车雷达探测数据的数据处理，比对技术链路，如图 14-14 所示。

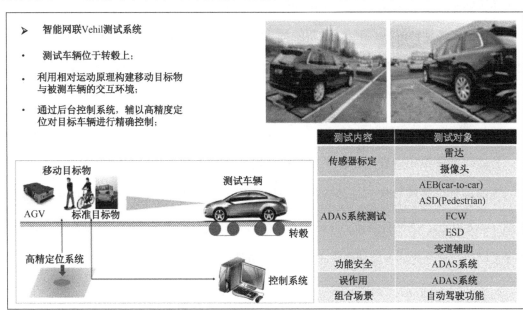

图 14-14　整车在环 Vehil 测试平台

2. 国汽（北京）智能网联汽车研究院有限公司

国汽（北京）智能网联汽车研究院有限公司是由各大整车企业、零部件供应商投资组建的，23家股东单位均为整车、零部件、信息通信等领域的领军企业和科研机构。2019年5月30日，国家工业和信息化部正式批复同意由国汽（北京）智能网联汽车研究院有限公司组建国家智能网联汽车创新中心，在自动驾驶开发、场景库建设、信息安全等领域积极发力，同时具备高精动态地图测绘资质，可为高级别汽车自动驾驶道路运行、仿真测试提供强有力的数据与技术支撑。国汽（北京）智能网联汽车研究院有限公司（以下简称国汽智联）主要提供以下技术服务[4]。

（1）行驶环境融合感知算法开发

行驶环境融合感知技术是指基于车载传感器、路侧基础设施及云平台，获取基于多源异构系统的车辆及环境信息，进而通过信号转换、数据清洗及融合计算技术进行实时性或非实时性的多源异构信息的融合，为智能网联汽车决策控制系统提供前期数据处理和支持，同时产生动态信息数据流反馈到车辆环境感知系统，保障车辆行驶的安全性和舒适性，如图14-15所示。

（2）智能网联决策控制平台

智能网联决策控制通过计算平台进行实现，计算平台是决策控制的核心技术模块，包括板级硬件、系统软件、功能软件及应用软件，支撑智能网联汽车丰富的生态系统，如图14-16所示。国汽智联致力于研究与开发共性化的、非竞争性的计算基础平台，充分支撑多样的、个性化的智能网联汽车应用软件市场。

图 14-15　行驶环境融合感知算法开发　　图 14-16　智能网联决策控制平台

（3）复杂系统重构设计

面向未来智能网联汽车普及的应用环境，从多维视角进行分析和系统重构设计，重点攻克"车-路-云"交互关键数据提取与分级处理、实时服务策略与资源优化、跨行业和部门间海量异构数据同步交互、协同控制系统建模与验证等关键技术，构建支持汽车实时协同控制、基于业务可灵活定制、技术中立可持续演进、服务于系统全生命周期管理的设计方法和架构，支撑汽车、交通、通信、信息等行业产品和系统间的一体化设计、研发、仿真、验证、部署和运营，实现多域多层异构信息系统和物理系统间的安全可靠的协同与互操作，如图 14-17 所示。

（4）智能网联安全和多模式测试评价

智能网联汽车作为产品来讲，需要解决网联化和智能化技术带来的安全问题，系统定义智能网联汽车安全体系架构和整车安全开发流程，在正向设计开发阶段融合功能安全（可参考功能安全标准 ISO 26262，针对电子电气失效带来的安全问题）、信息安全（可参考信息安全标准 ISO 21434，针对网络安全威胁带来的安全问题）和预期功能安全 SOTIF（可参考 ISO 21448，针对非故障原因带来的安全问题）设计思想，在测试验证阶段融合代码测试、通信测试、功能测试及安全测试等多种测试技术，在量产及运营阶段推进安全认证及评价技术，如图 14-18 所示。

图14-17 复杂系统重构设计

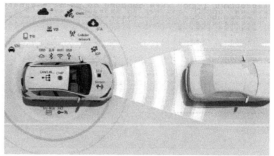

图14-18 智能网联安全和多模式测试评价

（5）中国标准ICV场景库建设

国汽（北京）智能网联汽车研究院有限公司正建立中国标准ICV场景库理论架构体系，建立中国标准ICV场景基础数据集，建立智能网联汽车基础数据综合服务平台，如图14-19所示。

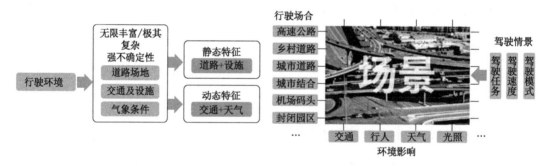

图14-19 国汽（北京）智能的自动驾驶仿真测试场景库

3. 中汽院智能网联科技有限公司

中汽院智能网联科技有限公司作为中国汽车工程研究院有限公司全资子公司，获得国家智能汽车与智慧交通应用示范公共服务平台、重庆市自动驾驶道路测试管理单位、重庆市智能网联汽车工程技术研究中心等资质，成立了i-VISTA智能网联汽车测试评价国际联合研究中心。中汽院智能网联科技有限公司的经营范围包括智能汽车测试评价服务、智能汽车测试装备、场景库与仿真系统综合解决方案、车路协同综合解决方案，服务智能网联汽车产业转型升级。该公司还举办智能网联汽车国际研讨会，开展智能汽车指数评测体系研究及实验实施工作，积极开展各类智能汽车标准编制工作，为消费者买车、用车提供参考。中汽院智能网联科技有限公司在自动驾驶仿真测试方面已展开如下工作。

（1）仿真测试场景库建设

中汽院智能网联科技有限公司搭建起道路数据场景采集车，布置毫米波雷达、激光雷达、摄像头、组合惯导等传感器于道路数据采集车辆，进行实车道路场景数据采集，如图 14-20 所示。采集的数据经过清洗后获取有效切片数据，根据标准化的道路、场景建模标准，在场景软件中建立起相应测试评价场景数据库，数字化重构典型和非典型危险场景，如图 14-21 所示。

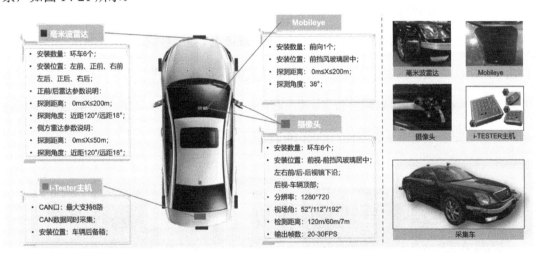

图 14-20　道路数据采集平台车辆

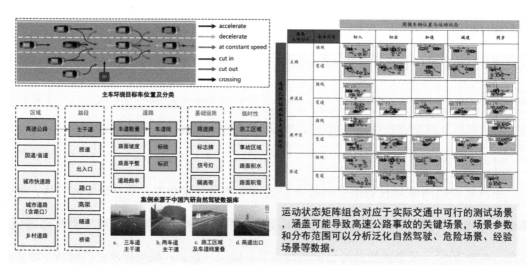

图 14-21 道路数据场景数字化重构

（2）硬件在环仿真测试平台

中汽院智能网联科技有限公司引进德国 Konrad 公司的硬件在环仿真测试平台，该平台由 77 GHz 雷达模拟器、视频暗箱子、实时系统、动力学软件、场景软件组成，毫米波雷达、摄像头在该平台可以融合仿真，建立起的场景数据库可以在该平台应用，测试 ADAS 系统的功能安全，加速系统迭代，如图 14-22 所示。

摄像头暗箱　　　　　实时系统　　　　　雷达目标模拟器

图 14-22 硬件在环仿真测试平台

4. 51WORLD

51WORLD 是一家以计算机图形学为基础的中国原创科技公司。公司横跨物理模拟、工业仿真、人工智能、大数据、云计算等技术领域,为智慧城市、汽车及交通、智能制造、房地产等行业提供全球领先的数字孪生产品和服务。51WORLD 团队已经累计进入国内外 145 个城市和地区,在国内一线及核心二线城市已实现全覆盖,不仅在北京、上海、成都设立研发中心,在澳洲、北美、德国、新加坡也有所布局。目前,公司近 500 人,其中,研发人员硕博比例超过 50%。公司的主要研发方向覆盖计算机图形学、计算力学、计算机视觉、车辆仿真、传感器仿真、交通和车联网仿真、强化学习、深度学习、离散数学、决策规划、分布式系统等十余项高科技类基础研究,研发人才主要来自清华大学、浙江大学、上海交通大学、中国科学院、康奈尔大学、伦敦大学、伊利诺伊大学、佐治亚理工学院、微软亚洲研究院等高校和研究机构[5]。

图 14-23 51Sim-One

51Sim-One 是 51WORLD 自主研发的国内首款拥有自主知识产权的智能汽车虚拟仿真工具，是一款集多传感器仿真、车辆动力学仿真、交通流和智能体仿真、感知与决策仿真、自动驾驶行为训练等一体化的自动驾驶仿真与测试平台，通过接入自动驾驶算法到仿真环境中，实现自动驾驶决策算法的仿真测试，如图 14-23 所示。51Sim-One 虚拟仿真工具应用于各类自动驾驶系统共性技术的研发，为智能决策控制、复杂环境感知、人机交互与共驾、车路协同与网络通信等提供了安全可控的全要素、多层级的测试与评价技术支撑。同时，51Sim-One 的仿真引擎已拓展服务于智慧城市交通系统、交通环境仿真、智慧道路设施部署与监控、无线网络建设评估等方面。

5. 华为

华为 Octopus（华为八爪鱼），即华为自动驾驶云服务，它与华为 MDC 智能驾驶计算平台等协同配合，可以有效提高车企和开发者开发自动驾驶应用的效率。华为利用自身在云计算、车联网、人工智能等 ICT 技术的多年积累，通过构建一个统一的、面向自动驾驶全生命周期的全栈云平台，可以向车企和开发者提供 3 大服务、5 个能力及一站式体验，降低自动驾驶开发门槛，让自动驾驶开发变得更高效、更智能、更便捷，帮助车企及开发者快速上手开发和使用自动驾驶系统，从而使得开发者可以将更多的精力投入到核心能力的构建中去，如图 14-24 所示，八爪鱼 3 大服务如下。

（1）数据服务

处理车载硬件平台上输出的传感器数据，回放雷达、摄像头等不同格式的数据；支持 PB 级海量存储、交互式大数据查询和海量数据治理。

（2）训练服务

管理和训练自动驾驶模型，不断地在新的数据集和测试集上提升模型的准确度，持续提升自动驾驶安全系数。平台提供软硬件加速，能大幅缩短训练时间，提升训练效率。

智能网联汽车测试与研究机构介绍 第14章

海量数据挖掘

数据存储　数据标注　场景挖掘&生成

高效模型训练

AI算力　自研芯片　工具链

华为 Octopus

云+AI+芯片

中立安全可信

共创共享共赢

大规模并行仿真

仿真场景库　并行仿真　结果评测

华为Octopus 自动驾驶云服务

数据服务	训练服务	仿真服务	评测服务	监管服务
数据收集	算法平台	场景库	MiL评测服务	监管大屏
数据回放	模型管理	并行仿真	SiL评测服务	监管数据共享
标注平台	增量训练	规控算法验证	HiL评测服务	监管数据收集分析
增量数据集	AI算力	交通流	仿真评测大屏	…

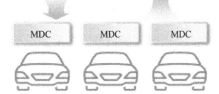

图 14-24　华为 Octopus 自动驾驶云服务平台

(3) 仿真服务

提供仿真、场景库管理、场景片段、评测系统等应用工具，确保自动驾驶模型合规、安全、可度量、质量达标，快速集成到版本中。目前，华为 Octopus 自动驾驶云服务已在湖南长沙湘江智能网联示范区等项目中商业落地，面向区域内的生态企业提供服务，帮助车企和开发者快速开发自动驾驶应用。

14.4 小结

智能网联汽车技术快速发展，激发了许多企业和机构深入研究仿真测试评价的热情。智能网联汽车测试与研究机构可以分为国家级智能网联汽车检测中心和科技创新公司两大类。

主要的国家级智能网联汽车检测中心有四个：国家智能网联汽车质量监督检验中心（天津）、国家智能网联汽车质量监督检验中心（湖北）、国家智能网联汽车质量检验中心（重庆）、国家智能网联汽车产业计量测试中心。其中，国家智能网联汽车质量监督检验中心（天津），构建了中国智能网联汽车驾驶场景数据库，拥有毫米波雷达与视觉融合的 ADAS 系统硬件在环仿真测试平台、智能网联汽车模拟研发平台和智能网联汽车工程验证平台，可以基于以上数据库和平台提供相关智能网联测试服务。国家智能网联汽车质量监督检验中心（湖北），拥有智能网联汽车封闭测试区和 56 种智能网联测试场景，具备完善的整车 ADAS 试验测试自动驾驶试验测试能力。国家智能网联汽车质量检验中心（重庆），已建成国内领先的包含封闭测试场地、半开放、开放区域综合测试基地，拟建设包含硬件在环仿真测试平台、整车在环仿真测试平台、虚拟场地在环仿真测试平台、V2X 车路协同仿真测试平台在内的仿真测试评价实验室，并基于这些平台和仿真测试技术，形成完善的驾驶辅助、网联汽车及高级别自动驾驶汽车仿真测试评价体系。国家智能网联汽车产业计量测试中心搭设了车载毫米波雷达动态仿真试验系统和车载激光雷达测试系统，汽车毫米波雷达动态仿真测试系统技术方案国内领先。

科技创新公司主要有上海淞泓智能汽车科技有限公司、国汽（北京）智能网联汽车研究院有限公司、中汽院智能网联科技有限公司、51WORLD 和华为等。上海淞泓智能汽车科技有限公司正在建设面向中国典型道路环境的驾驶场景库。国汽（北京）智能网联汽车研究院有限公司致力于开发行驶环境融合感知算法、实现智能网联决策控制平台等方向。中汽院智能网联科技有限公司围绕着建设仿真测试场景库、硬件在环测试平台几个方面展开工作。51WORLD 公司的研究覆盖车辆仿真、传感器仿真等多个方向，研发出了国内首款拥有自主知识产权的智能汽车虚拟仿真工具 51Sim-One。华为研发的八爪鱼自动驾驶云服务，与华为 MDC 智能驾驶计算平台等协同配合，可以有效提高车企和开发者开发自动驾驶应用的效率。

各大测试与研究机构正积极布局、稳步推进，从多个方面提升仿真测试评价能力，为形成完备的自动驾驶仿真测试评价工具链而努力。

参 考 文 献

[1]　http://www.catarc.ac.cn.

[2]　http://www.nast.com.cn.

[3]　https://www.smvic.com.cn.

[4]　http://www.china-icv.cn.

[5]　http://www.51hitech.com.

第四部分

趋势篇

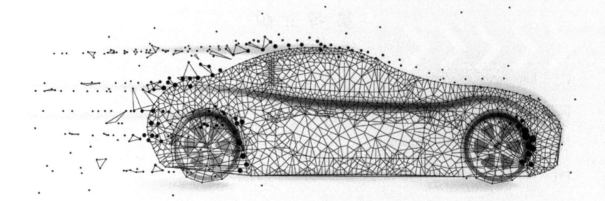

第15章

汽车自动驾驶仿真测试评价所面临的挑战与展望

高振海[1]　朱冰[1]　张培兴[1]

（吉林大学 汽车仿真与控制国家重点实验室[1]）

15.1 引言

随着自动驾驶等级的提高，其系统复杂性不断增加，设计运行区域也不断扩大，将汽车自动驾驶应用于公共道路会遇到许多新的困难，恶劣天气、网络攻击、复杂交通等传统汽车不需要测试的内容都将成为制约自动驾驶安全性的阻碍[1]。兰德公司相关报告指出，汽车自动驾驶需要进行数十亿千米的道路测试才能证明其安全性，传统的基于道路里程的测试已不能满足汽车自动驾驶的测试需求[2]。仿真测试技术具有测试效率高、覆盖范围广、测试重复性强、测试场景复杂等特点，成为突破目前汽车自动驾驶测试障碍的重要手段，得到了众多学者的深入研究。然而仿真测试处于行业发展的新兴阶段，尚存在诸多问题亟待解决：仿真测试相关技术仍存在技术难点等待突破，当前无对应法律法规对其进行标准化规定，相关技术人才呈现巨大缺口，配套产业链发展不成熟，当前针对仿真测试无统一评价体系。紧随自动驾驶技术发展潮流,解决自动驾驶仿真测试领域相关痛点,可有效解决自动驾驶安全性评价相关难题,推动我国汽车自动驾驶产业落地。

15.2 仿真测试评价技术的机遇与挑战

根据测试过程中所包含的真实车辆硬件信息,可以将仿真测试过程分为软件在环测试、硬件在环测试和车辆在环测试[3]。如图15-1所示,将不同的硬件放入真实框架中即可构成不同仿真测试流程。

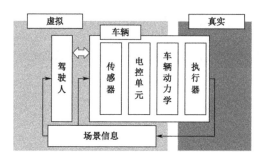

图15-1 虚拟测试方式

当前仿真测试存在三个方面的主要技术难点:仿真测试场景真实性、仿真测试场景要素粒度和仿真测试评价指标缺失[1]。如何保证仿真测试过程的真实性仍是目前需要突破的技术难点,当前并无完善的法规或技术文件对测试过程的真实性进行评价,很多仿真平台都具有相关的环境建模能力,但如何保证该仿真环境与真实环境之间的差异在可接受范围内,无法进行量化评价;仿真测试场景要素粒度与测试需求、测试平台性能、真实硬件能力等存在较大关联,如何根据当前技术发展进行定义场景要素粒度已成为仿真测试过程中的重要难题。总体而言,在系统测试前期以测试逻辑性为主,测试环境要素粒度主要考虑测试效率,当系统测试进入后期阶段则着重提高测试环境的真实性;当前仍无完善的仿真

汽车自动驾驶仿真测试评价所面临的挑战与展望　第15章

测试评价指标对自动驾驶测试过程的安全性进行评价，传统的测试用例通过性和平均人工干预里程无法满足仿真测试多维度测试评价的需求，当前一些研究将KPI（Key Performance Indicator）的概念引入仿真测试过程中，但如何完整地定义各项测试的KPI尚未明确。

针对具体的仿真测试过程而言，软件在环测试与车辆在环测试基本已明确技术路线，未来的发展可在现有技术基础上进行补充，然而针对硬件在环测试尤其是感知系统在环测试而言，还有很多技术问题需要解决。在汽车自动驾驶硬件在环测试过程中，感知系统是一个全新的测试领域，虽然在各企业的全力开发过程中，一些传感器的硬件在环测试关键技术已得到有效解决，如毫米波雷达硬件在环、相机硬件在环、超声波雷达硬件在环、V2X系统硬件在环已成功实现商业化，但激光雷达硬件在环测试仍未有完善的技术出现。激光雷达通过向目标发射探测信号（激光束），将接收到的从目标反射回来的信号（目标回波）与发射信号进行比较，做适当处理，获得目标的有关信息。由于探测范围大（360°），返回线束复杂（最高可达128线），如何进行激光雷达的信号模拟仍是当前各企业的重点研发对象。

仿真测试除了上述需要考虑的关键问题之外，还有其他一些相关问题需要解决[1]。

① 在自动驾驶系统发布之后，随着时间的推移，必然会进行功能的更新或某些新情况的变化，此时便需要进行软件系统的更新。如何保证后续版本的安全性，以及如何证明未来发布的软件版本和以前的车辆完全契合，在测试过程中仍没有办法证明。系统更新的安全性保证在软件系统测试的过程中已经得到了成熟的应用，如何将软件系统测试的方法移植到自动驾驶系统的测试过程中是未来的研究方向。

② 自动驾驶进行大规模应用时，由于其与传统驾驶行为存在差异，必然会对交通安全产生新的影响，这需要进行先验评估与后验评估的比较，由于其需要大量的测试样本和观测时间、足够详细的车辆及驾驶信息、明确的评估指标和交通安全反馈优化方法，交通安

全评估尚不能进行明确测试。同时，汽车自动驾驶交通效率的相关研究也不多，某些学者通过根据公路容量手册来建立道路密度的微观指标，并对自动驾驶车辆对周围交通环境进行建模与预测，但由于没有实际的测试验证，这种方法仍处于理论阶段。

③ 当前测试平台的传感器模型、车辆动力学模型、交通模型等大多采用理想模型，与真实的物理状态存在一定的差异，模型真实性不足。以激光雷达为例，现有很多模型都是根据目标特性直接计算回波信号，而激光在环境中的多次反射、遮蔽效果等传输特性却无法进行很好的体现。同时，若一味地追求模型的逼真度，则会导致计算速度降低，从而拖累整个仿真测试的效率。吉林大学提出了一种易于标定的基于物理模型的激光雷达建模手段，在保证计算速度的同时又提高了模型的工作精度，并且可以应用于虚拟动态环境中的智能汽车算法验证，这种考虑车辆动态环境的建模手段是车辆仿真测试过程中传感器建模较有前景的研究方向。

④ 目前，车辆各种传感器数据的传输容量超过了车辆的 CAN 线传输协议，同时由于没有形成统一的数据通信标准，不同的测试平台之间设定了特定的输入输出接口，测试平台无法处理那些自身不支持的数据类型。统一不同测试平台之间的数据传输接口，结合不同仿真测试平台之间的优势，形成完整的虚拟仿真测试工具链是未来汽车自动驾驶测试的研究重点。

15.3 仿真测试相关法规标准亟待完善

虽然我国已明确将汽车自动驾驶作为汽车产业重点转型方向之一，并发布多项相关文件（《中国制造2025》[4]《关于积极推进"互联网+"行动的指导意见》《关于印发新一代人工智能发展规划的通知》《汽车产业中长期发展规划》《促进新一代人工智能产业发展三年行动计划（2018—2020 年）》等）大力推动汽车自动驾驶产业发展，但在自动驾驶测试方面，尤其是仿真测试方面仍存在大量法规方面的缺失，相关法规标准亟待完善。

2018 年，我国提出了首个汽车自动驾驶考核测试指标——《智能网联汽车自动驾驶功能测试规程（试行）》[5]，对汽车自动驾驶规定了 14 个方面的测试内容、34 个测试场景，但测试场景有限，在测试方法的标准化与仿真虚拟测试应用上还较为薄弱，用于测试的场景库也在建立与完善中，并未形成一套完整的测试评价体系。

在 2019—2020 年，我国根据自动驾驶产业发展情况，针对辅助驾驶、高等级自动驾驶、信息安全、功能安全、汽车网联等领域开启了大量相关法规的立项，以提高标准与产业发展的匹配度、黏合度。2019 年公示的中汽协团体标准——《自动驾驶系统功能测试 7 仿真测试》已进入征求意见阶段[6]，该标准对自动驾驶仿真测试过程中的术语及定义、自动驾驶功能仿真测试目的、汽车自动驾驶仿真测试内容、汽车自动驾驶系统仿真测试接口需求、汽车自动驾驶系统仿真测试流程、汽车自动驾驶仿真测试接口需求、汽车自动驾驶仿真测试评价方法等进行了详细的规定；我国牵头的 ISO 34501 至 ISO 34505 系列标准，也对自动驾驶测试过程进行了规定，包括术语、测试场景生成、测试系统要求等。

虽然我国在仿真测试领域已开始进行大量工作，但上述所提到的标准仍处于立项、起草、征求意见等阶段，未有明确的有说服力的法规确立，制约了我国自动驾驶仿真测试技术的发展。

15.4 人才培养的挑战与展望

自动驾驶仿真测试领域属于自动驾驶领域新兴发展方向，在技术储备及人才培养方面需要各类关键人才。中国人才研究会汽车人才专委会发布的《中国智能网联汽车人才发展报告》[7]将我国汽车产业相关人才分为五个维度：领军人才、研发人才、工程技术人才、技术应用人才和技能服务人才，自动驾驶仿真测试领域在这五个维度均存在大量的人才缺口。相关岗位包括：数据采集工程师、传感器测试工程师、嵌入式工程师、算法工程师、应用软件工程师、设备测试工程师、数据分析工程师、软件应用工程师、场景搭建工程师等。

当前，仿真测试的人才培养面临如下问题。

① 课程体系落后：仿真测试领域无专门的课程体系，相关专业教材内容少，短期无法建立完善的课程体系，教学要求难以满足。

② 教学资源缺失：当前尚无完备的实训平台，各类教材教案缺少成体系的资源，一些企业虽与部分高校成立联合实验室，但当前资源推广仍面临较大难题。

③ 缺乏专业师资：仿真测试领域对口专业教师成本高、人数少，传统专业现有专业转型困难。

④ 无企业资源支持：企业相关资源无法与高校进行有效对接，并且企业本身相关资源也较为匮乏。

自动驾驶仿真测试领域关键技术人才的培养与开发，需要从国家层面进行统一规划和部署。

① 结合国家发展战略和产业发展规划，加强重点领域人才的开发和培训。依托相关国家机构的总体规划，统筹企业投资和社会资本，加大对汽车自动驾驶仿真测试关键技术领域的持续研发投入，促进重点领域急需人才的平稳成长。逐步分批制订急需人才的培训计划，并通过国家重点研究项目平台加快对复合型专家和技术带头人的培训。

② 加快构建产业引领下的科学、完善的网络化社会人才培养服务体系；对汽车工程师的实践能力、专业能力进行系统性审视；构建符合未来汽车工程师知识和能力需求的专业

学科体系;在汽车自动驾驶教育的创新性方面,尤其在产学研深度融合和升级方面做更多的探索。

概括而言,我国相关人才的培养[8]应以海纳百川的胸怀,大力引进各国领军人才、研发人才、工程技术人才等各类人才;勇于瞄准全球一流人才,引进和培养在世界汽车产业界具有话语权的技术人才和企业家;构建具有集聚功能和辐射功能的全球人才配置体系。

15.5 产业链发展的挑战与机遇

自动驾驶仿真测试相关产业链主要包括硬件及软件两部分,硬件部分主要包括测试实时控制器及各类传感器输入模拟设备;软件部分主要为各种类型的模拟仿真平台。

实时控制器即快速控制原型,其以原型系统代替尚未定型发布的量产电控系统,快速、方便地对新开发或升级的软件模块进行应用层功能逻辑验证。当前,市场占有率较高的企业为dSPACE,其最新产品MicroAutoBox系列在运算速度、I/O接口、传输带宽、系统兼容性方面均具有较大的技术优势。

传感器输入模拟设备指为车辆传感器提供模拟仿真信息的相关设备。由于汽车自动驾驶配备大量的感知传感器,针对这些传感器进行仿真测试时需要通过一定的方式将传感器发出的原始信号进行屏蔽吸收,并根据模拟产生的场景向其发送虚拟的模拟信息。毫米波雷达回波模拟设备的供应商包括NI、dSPACE、恒润科技等,V2X信道模拟设备供应商包括NI、恒润科技,上述公司在超声波雷达回波模拟设备和相机在环测试试验方面也具有较成熟的技术方案。

模拟仿真平台产业较为发达,当前很多企业都具有类似的解决方案。CarSim、AMESim和ADAMS可以提供较为成熟的车辆动力学解决方案,其中,CarSim技术最为先进,市场占有率最高；VISSIM 和 SUMO 可以提供较成熟的交通流模拟仿真，其中，SUMO 为开源平台；VTD、PreScan、PanoSim、CARLA、51World、VI-Grade、CarMaker 等可提供较为成熟的仿真环境构建平台，为被测算法的测试提供基础环境构建。

当前，自动驾驶仿真测试产业链发展较为繁荣，但仍存在一些技术问题。

① 无统一、成体系的软件在环测试工具链。当前，各仿真平台之间都有其各自优势的仿真模型，如 CarSim 专精于车辆动力学的建立、VISSIM 在交通流仿真方面较为先进、VTD 可实现较高精度的环境建模和传感器模型。如何根据各软件的特点，形成一套成体系的软件在环仿真工具链是行业内的研究热点。

② 硬件在环配套设备精度无法有效证明。虽各类感知模拟配套设备都可实现传感器的信息回波模拟，但如何保证极限条件下的信息模拟精度仍有难度，尤其是在近距离环境或多目标干扰的情况下。

③ 无激光雷达相关硬件在环解决方案。当前，激光雷达信息模拟技术仍未得到有效解决，各企业间均无成型的产品问世。

④ 各平台之间输入输出接口不统一。当前，各类软件仿真平台都有其各自的文件传输格式，虽然 OpenDrive 和 OpenScenario 文件格式已得到很多平台的认可，但并未成为统一的自动驾驶仿真测试领域文件格式标准[9,10]。

15.6 小结

汽车自动驾驶从功能样机的开发到最终的量产商用，必然要经过大量复杂的测试验证来确保其必需的功能和性能。随着传统测试方法在高等级汽车自动驾驶测试验证中的不足逐渐显现，仿真测试作为未来汽车自动驾驶测试验证的关键手段已经得到企业、机构、高校及政府的密切关注。自动驾驶仿真测试已成为自动驾驶技术开发、验证、确认和测试评价的基础。制定完善的法律法规来标准化仿真测试工具及流程,培养专业相关人才为产业提供技术支撑,完善相关产业链以促进配套产业成熟,对于自动驾驶仿真测试评价领域的发展具有深远的意义。

自动驾驶仿真测试作为一项新兴技术,其在技术成熟度、法规完善性、产业链完整性等方面都存在诸多的问题和挑战。解决这些问题,将极大促进自动驾驶仿真测试技术的发展和进步,进而推进自动驾驶技术快速发展。

参 考 文 献

[1] 朱冰,张培兴,赵健,等. 基于场景的汽车自动驾驶虚拟测试研究进展[J]. 中国公路学报,2019,32(6):1-19.

[2] RAND. Measuring Automated Vehicle Safety [EB/OL]. https://www.rand.org/pubs/research_reports/RR2662.html, 2018-09-16/2020-08-28.

[3] 余卓平,邢星宇,陈君毅. 汽车自动驾驶测试技术与应用进展[J]. 同济大学学报,2019,4(1):540-547.

[4] 中华人民共和国国务院. 中国制造 2025[EB/OL]. http://www.gov.cn/zhengce/content/2015-05/19/content_9784.htm, 2015-05-19/2020-08-28.

[5] 全国汽车标准化技术委员会. 智能网联汽车自动驾驶功能测试规程(试行)[EB/OL]. http://csae.sae-china.org/a2447.html, 2018-08-03/2020-08-28.

[6] 中国汽车工业协会. 中汽协团标 自动驾驶系统功能测试 7 仿真测试(征求意见稿)[EB/OL]. http://www.caam.org.cn/chn/10/cate_412/con_5226657.html, 2019-10-14/2020-08-28.

[7] 中国人才研究会汽车人才专业委员会．中国智能网联汽车人才发展报告[EB/OL]. http://www.at-siac.com/culture/newsdetail_2102_74873443316662272.html, 2018-12-20/2020- 08-28.

[8] 广州市智能网联汽车示范区运营中心．中国汽车报[EB/OL]. https://mp.weixin.qq.com/s/jy5-pgETxvVoiuEmrn1y4A, 2020-07-01/2020-08-28.

[9] http://www.opendrive.org.

[10] http://www.openscenario.org.